了凡困语

勘破迷途的心灯

了凡／李黛 著

你可以不信佛，但一定要相信因果；
你可以不动英语，但你一定要懂困语。

新世界出版社

图书在版编目（CIP）数据

了凡因语：勘破迷途的心灯 / 了凡，李黛著．—北京：新世界出版社，2012.9

ISBN 978-7-5104-3423-5

Ⅰ．①了… Ⅱ．①了… ②李… Ⅲ．①个人—修养—通俗读物 Ⅳ．① B825-49

中国版本图书馆 CIP 数据核字（2012）第 226289 号

了凡因语：勘破迷途的心灯

作　　者：了　凡　李　黛
责任编辑：余守斌　曲静敏
责任印制：李一鸣　黄厚清
出版发行：新世界出版社
地　　址：北京西城区百万庄大街 24 号（100037）
发 行 部：（010）6899 5968　（010）6899 8733（传真）
总 编 室：（010）6899 5424　（010）6832 6679（传真）
http://www.nwp.cn
http://www.newworld-press.com
版 权 部：+8610 6899 6306
版权部电子信箱：frank@nwp.com.cn
印　　刷：艺堂印刷（天津）有限公司
经　　销：新华书店
开　　本：710mm × 1000mm　1/16
字　　数：190 千字
印　　张：14.5
版　　次：2012 年 10 月第 1 版　2024 年 7 月第 4 次印刷
书　　号：ISBN 978-7-5104-3423-5
定　　价：35.00 元

了凡老师

了凡寄語
LIAOFAN JIYU

重生——生命还有另一种可能

生活常常斑驳陆离，一堵墙，常常遮挡了我们前行的方向。

面对痛苦，面对荣辱，谁又能做到真正的波澜不惊呢？

一堵墙，就是时空无法跨越的现实。岁月的痕迹蒙住了我们的双眼，尘缘旧梦、超脱新生，只在一念之间，面对世界纵横交错的路，我们又该如何行走呢？

佛家讲一切唯心造，我们的生命历程完全是我们自己造成的，我们的一思一念，都在创造我们的未来。生活的沉淀，心灵的反省，固然是人生改变的主要法则，而迷茫君子在人生关键路口是否还应该有些我们能去主动把握、主动调整的有形方法和规律呢？

生命的次第从有形到无形，物质永远是第一性，凡人要了解的首先是自己的身体，形体都不规范、不圆满又何谈神韵。生命的运气好坏皆由有形之身——心、肝、脾、肺、肾来决定，如肝气旺之人必然有谋略和胆识，自然也就具备当官的素质，反之胆都拿掉了，魄力从何而来，官又如何求之。

我命由天我不由天，虽然圣贤皆以心转境，但我们凡夫受有形的环境影响，却只能以境转心。既然如此，我们何不从有形的身体开始调整自己的行为，由身及心，由量变到质变，达到人与社会、大自然的和谐统一，把命运掌握在自己手中。

序言 XU YAN

善的缘起

当我们在红尘迷途中彷徨往复，不知路在何方时，你可知，有一盏心灯一直在照亮你？

这辈子，或许一出生，我们的命运就早已注定，但我们的灵魂却时刻在抗争，它不甘心就这样浑浑噩噩地度过此生。或许，终其一生，我们一直在困惑，一直在寻找，我是谁，我从哪里来？我们为什么而活着？命运的力量真的如此强大，从一出生就一直带着我们走向未知的死亡归途吗？

每一次灵魂的梳理，都是一次痛苦的阵痛与挣扎。

每一次灵魂的蜕变，亦是一个温暖幸福的开始，也是打开良善之门的机缘。

我相信，每份缘起，在冥冥中都会有善我力量的感召。

一个偶然的机会，我走进了凡心斋坊，听了一堂了凡先生关于“生命重建”的课程，听完后便有种醍醐灌顶茅塞顿开的感觉，这是一种全新生命的体验，也是了凡先生经过多年的研习，对生命与自然的特别解读。而最近，我也一直在研究关于生命本真的课题，于是就有了与了凡先生合作此书的想法。

后来，我从了凡先生那里了解到，“了凡因语”就是追溯本源，从我们当下所看到的物象好坏，推断事物的吉凶，同时反观内省，扫尘除垢，为明天后天我们要看到的世界种下善缘，重塑生命，收获善果。

因语是指因果的语言，我们只有了解了因果法则，才会明白命运是如何改变的。

“了凡因语”不是纯粹预测的工具，而是一种观察自然，改变命运的思维方式，它不是为易经预测大师提供一种预测术，而是为普罗大众提供一种直达成功彼岸的改运方式，它正是我们在迷惘中渴盼已久的一盏勘破迷途的心灯。

了凡先生虽然精通易经数术，但他却一再强调说术只是一种形式，而道却能给人以真正的启迪。他希望我们能将“了凡因语”的理论传播四方，让更多的人受益。

但是，真正让我更透彻了解了凡先生，还是从读《了凡四训》开始。

《了凡四训》是明朝袁了凡先生所作的家训，以此来教戒他的儿子袁天启，认识命运的真相，明辨善恶的标准，从而改过迁善。他以亲身经历阐释知命改命的法则，让世人通晓命运的因果轮回，明了命自我立，福自我求的自然规律。

这本书仿佛一盏明灯，照亮了我们在红尘中浸润已久的尘心。在这个喧嚣的尘世中，它好似一泓清泉，顿时冲开了我们心底沉重的物欲枷锁，滋润了我们被红尘蒙蔽已久的心田。我从这里突然感受到一种生命蓬勃的力量，这种力量正是发自内心的真善，它深刻发掘出我们内心无贪、无嗔、无痴的善根，和佛法所倡导的慈悲大爱不谋而合。

而当我进一步走进心斋坊，了解现实中的了凡先生，竟然发现出奇的巧合，他和明朝袁了凡先生在命运轨迹上有着极其相似的经历。

袁了凡是因为受云谷禅师的点化才突然醒悟，命运虽然天生注定，但却可以通过自我后天的修为和心念来改变，由此他通过行善布施真正改变了自己的命运。

而心斋坊的了凡先生则是因为年少时偶然在火车上认识了他的恩师，师父曾用铁板神数推算出他一生的命数，命里说他在二十八岁左右会经历一场惨烈的车祸，车祸会导致他半身瘫痪。那时他十分灰心丧气，觉得自己命不如人。师父随即大慈悲心点拨他，虽然我们每个人的命运一生下来就注定，虽然生命的基数无法改变，但我们可以改变他的走向，只要我们摒除恶业，多做善事积德修福，便能改命立命。

从此后，了凡先生开始吃素，并每天做各种布施行仁义之事。也因为这份尽早的觉知，尽管那场冥冥中注定的车祸无法避免，可他却在车祸中安然无恙地逃生。

那时了凡先生还不知道《了凡四训》，更不知道袁了凡，但后来当他读了《了凡四训》这本书，发现他们的命运有着惊人的相似之处后，便从此自号了凡先生，并创立了凡心斋坊广布善缘。也正是这份特殊的缘遇，在后来的了凡公益读书会上他大力推广学习《了凡四训》，引来无数爱好国学的同仁汇聚心斋坊。

也许正是因为这份难得的因缘，此本书名才叫《了凡因语》。

一直以来，我一向信奉庄子的主张："超然世外，欲乘物以游心，逍遥驰骋，必先了悟宇宙之真谛，才能至上善若水，利万物而不争，下百川，因容而深邃之境界。齐视名利，则道之恍惚窈明定握于心。"

淡泊名利，而只有超越了功名利禄之心，才有成就人生的最高境界，这便是庄子人生世界里的"逍遥游"。

在我眼里，了凡先生已深谙庄子哲学之精髓，逍遥游世间，心游万仞，自在洒脱。而他一直从事的慈善事业，便是"桃李不言，下自成蹊"的真实写照，自然的感召力是无穷尽的，无须张扬，也自会聚集一群志同道合之人。

站在他们身边，我会不由得自惭形秽，我开始反观自己，细心体会着有与无、得与失、多与少、成与败，慢慢发现自己的心似乎在偏离最初的航向，偶尔也被外物所扰，深陷困惑，常常忽略心灵内在的情感需求。

这也是我们当下多数人的切身感受。我们每天都在寻找幸福快乐的感觉，但却发现我们乐的时候少，失望悲伤的时候多。我们苦苦寻觅，却找不到真正发自肺腑的快乐感觉。

说到底，是我们忽略了心，遗失了心。

心者，神之舍也，血之主，脉之宗。

心无主宰则虚空无物，也找不到真正的安乐与满足。要认清心，必须认识“心与“相”的逻辑关系。古人造会意字，“心”上有“相”便为“想”。而我们每天千丝万缕的动念，都是“想”，并不是我们的本心。

从出生到生命的结束，外界的“相”汹涌而来，一个念头接一个念头，让我们的内心无片刻的安宁。这都是因为我们的六根受外界五欲六尘的蛊惑，整日在财色名利中追逐，反而失却了自然快乐的本心。而来到心斋坊，我却有一种回家的感觉，这个让人寻找原始本心的地方，能让我找到心灵的归依之所，给我带来一种无尘的快乐。

希望这本书，能带你认识因果，寻找心想事成改变命运的法则。从当下我们的起心动念开始，改变自己，找到真正的幸福快乐，带你回家，我们将无比感恩。

李黛

目录

MU LU

解读自然，趋吉避凶远离天灾

在大家只考虑资本收益的多少时，在世界上大多数人追求物质与利益最大化时，自然本真的人性便被物质欲望所日渐蒙蔽，尘垢遮挡了心的光华，人性渐渐失去光泽。灾难从何而来？是来自我们人类，是我们自己破坏了宇宙天人合一的自然规律。

远古预言和现代科技的对话

自然界与人类的任何行为都是紧密相联的，当自然界出现频繁的灾难，无疑是一种提前的预警，我们可曾想过？当我们在透支自然资源的同时，也透支了地球的生命。

看人心就能看出世界的灾难，这是天人感应！

当今科学只是为人类欲望服务的，发展得越快人类付出的代价就越大。古人深知其中的道理，所以他们有聪明才智，也只是点到为止，从来不会把它推到极致。奇技淫巧，方便出下流！

——了凡

世界末日——一个来自玛雅古文明时代的预言，曾一度把整个世界搅得不得安宁，人心惶惶。世界末日离我们真的这么近吗？人类真的要面临这样一场浩劫吗？

当然不是。这只是一个从中世纪流传至今的预言，因为一个预言而放弃我们对未来的期待，实在是不明智的事情。其实，自人类存在有文字记载的历史以来，关于末日预言，在许多民族的预言书上都有记载。但为何单单玛雅人所说的末日预言能引起如此大的恐慌呢？究其原因，最不能忽略的就是玛雅文明对整个人类的深远影响。

而让人类对此预言深感恐慌的最主要原因是玛雅人在天文与数学上的极高天分。他们在关于地球历法的计算上非常准确，他们早已知道地球公转时间，是三百六十五日又六小时二十四分二十秒，误差非常之小。他们所绘制的航海图，比现在任何一幅都要精确。玛雅人没有我们现代的科学技术，但他们对天文及数学的精通令人叹为观止。

不仅如此，玛雅人在他们文明的鼎盛之际突然消失，也留给了地球人无限的遐想。这也给世界末日的预言赋予了极大的神秘色彩。

当然，这一切推论并没有史料依据来支持。随着所谓的“世界末日”的临近，人们原本紧绷的神经，渐渐松弛下来，越来越多的人开始认为，世界末日不过是一场无稽之谈。但值得大家思考的是，这则预言虽然危言耸听，也确实为地球人敲响了警钟。近年来的气候回暖，环境污染严重，天灾人祸不断，这一切都说明我们的地球已经在超负荷运转，人类要为自己的欲望付出怎样的代价？玛雅人的预言究竟在警示我们什么？人们是不是可以卸下内心的恐慌了呢？

社会在发展，科技在进步，我们行有汽车、火车、飞机，居有高楼大厦，想要传递一个消息，也不必迢迢路远的跋涉，一个电话、一条短信，一个手指就能轻而易举地解决。不可否认，这些高科技的产物确实给我们带来了许多便捷。然而在便捷的背后，又隐藏着多少忧患呢？我们对价值的取向以及衡量又发生了怎样的改变呢？在如今这个物欲横流的时代，这样的话题，这样的思考，平添了许多沉重的味道。

难道是古人不比今人聪明智慧？当然不是，早在两千多年前，心灵手巧的中国人便发现了许多“高科技”，却偏偏与科技革命失之交臂。

公元前五世纪，我国就出了木匠的祖师爷鲁班这一奇人，他的机械制造水平堪称精妙绝伦，他曾削竹木制造出一只竹鹊，在天空中飞了三日不落。时人为之叹服，却有人讥讽他：“这木鹊还不如一只车销子有用。”

车销子是什么？不过是马车轮子上的木钉。

谁人敢如此藐视鲁班呢？正是他的老乡墨翟，战国时期的著名军事家墨子。

鲁班一听可不乐意了，斗气地说了一句："有本事你也造一个呀。"

墨翟听了二话没说，回家研究了三年后造了一只木鸢，放上天也飞了三日。

他的弟子对此赞叹不已，但是他却将木鸢弃之如敝屣，不屑一顾。在他看来制作木鸢不过是"奇技淫巧"，但就是这"奇技淫巧"，比后来飞机的发明早了两千多年。可是为何他没有将之推广于世，成为飞机的首席发明家呢？

原来墨子认为，只有对人有利的发明才有意义。所谓"兴天下之利，除天下之害"，他和鲁班一样都放弃了木鸢，而这个对后世影响深远的发明，后来被美国莱特兄弟抢了头功。

这个例子足以证明，我们的祖先不仅有智慧，且是大智慧。他们高瞻远瞩，也许早在几千年前，他们就已经认识到了高科技的危害。

看看当今社会，为何科技越来越先进，世界越来越进步，物质越来越丰富，而人心却变得越来越浮躁和贫乏？我们为什么离原始的快乐越来越远？为什么会心若浮木，越来越忐忑？

其实，自然界与人类的任何行为都是紧密相联的，当自然界出现频繁的灾难，无疑是一种提前的预警，我们可曾想过，在透支自然资源的同时，我们也透支了地球的生命？

佛家讲，诸法之相，惟心所现。可见，人类对大自然的恐慌由来已久，也是我们心中所思所想的外在反映。我们一边以利用高科技为借口大肆地破坏大自然，一边在受着恐惧恶果的报应，这是人类自身的悲哀，也是人性的悲哀。

在经济高度发展之时，许多人开始迷失在物欲中，他们自认为金钱可以买到任何东西，甚至包括快乐和幸福，却不知金钱所能买到的都是外在的物质，而物质欲望只能满足我们暂时的虚荣，却无法填补心灵的虚空。此时能给我们的内心带来真正的安宁和快乐的东西，往往不是用钱能买到的。比如阳光、雨露、空气、风等，大自然的一切馈赠与恩泽都是无偿的，而我们却常常视而不见。

我们不断地用汽车、飞机、轮船在为这个原本自然绿色的地球制造着各种废气，不断地依靠我们的聪明才智制造着各种工业垃圾。在大家只考虑资本收益的多少时，在世界上大多数人追求物质与利益最大化时，自然本真的人性便被物质欲望所日渐蒙蔽，尘垢遮挡了心的光华，人性渐渐失去光泽。

于是乎，许多人可以为了金钱利益不择手段，可以为了名利地位不顾仁义道德，职场中也流行着各种所谓的潜规则。生活中也多了许多忤逆不孝的子女，他们无视父母的付出，像吸血虫一样一点点榨干父母的血汗，却将父母享受天伦之乐的要求视作不开化，老封建……

人类在红尘中日渐迷失本性，在物质欲望中沉沦，人伦颠倒，自然也丢弃了孔夫子所倡导的忠孝仁义。许多人甚至忘记了人类的本源，我们和这世上所存在的任何生物一样，都是物竞天择的产物，多少年前，我们都在与大自然搏斗，刀耕火种的日子离现在也不过上千年而已，而人类作为自然界的物种之一，却在做很多悖离自然的事：破坏大自然的平衡状态——大量的砍伐破坏森林资源；为满足人类的欲望，大量的杀生。这些不仅破坏了自然的和谐，更破坏了我们赖以生存的环境。而这，也是远古文明和现代高科技对话，带给人类的沉思和反省。

大自然拉响灾难警报

自然语是我们在日常生活中所见的自然界中的标志、特征性语言，即自然万物的规律性，也即所谓“天道”，是我们眼前真实存在的世界，比如春花秋月，四季更替，冬天候鸟南飞，春天候鸟北迁，这都是千百年来大自然的规律性语言。

在易学中，其大无外，其小无内，万物都有联系，即使是相隔万里的事物都具有彼此紧密的信息关联，你知道吗？一只南美洲亚马逊河流域热带雨林中的蝴蝶，偶尔扇动几下翅膀，可以在两周以后引起美国德克萨斯州的一场龙卷风。

——了凡

自然预警是从古代就有的，从某种意义上讲，自然预警就是大自然向人类发出的一种警示。比如三国时期的诸葛亮，他可以通过观察天象，得知自然界将要发生的事情，于是他能借来东风；我们看到蜻蜓低飞，蚂蚁搬家知道会下雨，自然会早作准备。这些自然现象就是大自然和人们交流的一种语言。蝴蝶效应在这里就起到了一种媒介作用，它要传达的信息就是将要出现的一场龙卷风。

大自然真的和我们如此息息相关吗？当然，史上最强的厄尔尼诺现象就是大自然预警的代表案例。

19世纪初，人们在南美洲的厄瓜多尔、秘鲁等国家发现，每隔几年，这一区域从10月到次年的3月便会出现一股沿海岸南移的暖流，在暖流的作用下，表层海水的温度会明显升高，与此同时，性喜冷水的鱼类就会大量死亡，导致渔民们深受其害。由于这种现象往往在圣诞节前后最为严重，遭受天灾而又无可奈何的渔民便将其称为“厄尔尼诺”，意为上帝之子——圣婴。

这也是厄尔尼诺现象的由来。厄尔尼诺现象不但使太平洋广大水域的水温升高，还改变了传统的赤道洋流和东南信风，导致全球性的气候反常，使原本多雨的地区严重干旱，而以往干燥的地区却暴雨成灾，热浪、飓风、火山、森林火灾频繁发生，鱼类大批死亡，海鸟结队迁徙，造成严重的生态破坏和经济损失。

厄尔尼诺现象一般每隔二至七年出现一次，发生的季节并不固定，持续时间短则半年，长则一两年，强度每次也不一样。据初步统计，20世纪出现搅乱全球气候的厄尔尼诺现象共有17次之多。最强的一次厄尔尼诺现象发生在1997年春，前后持续八个月，严重扰乱了全球气候，从北半球到南半球，从非洲到拉美，气候变得古怪而不可思议：该凉爽的地方骄阳似火，温暖如春的季节却突然下起大雪……在此期间，世界各地出现各种各样的自然灾害，导致2100人死亡，造成近千亿美元的财产损失。

俗话说牵一发而动全身，这远在南美洲的一系列自然反应也漂洋过海危及到了中国。最明显的是出现了南方暴雨成灾、北方旱象严重的反常现象。甚至在1998年，中国遭遇了历史罕见的特大洪水。

请相信，这绝不是一种巧合。科学家们认为，厄尔尼诺现象的猖獗与人类自然环境的日益恶化有着极大的关系，是地球温室效应加剧引起的全球变暖的直接结果，这就是人类向大自然过多索取而不注意环境保

护造成的最直接的恶果。

所以，了凡因语有言：**自然语是我们在日常生活中所见的自然界中的标志、特征性语言，即自然万物的规律性，也即所谓“天道”，是我们眼前真实存在的世界，比如春花秋月，四季更替，冬天候鸟南飞，春天候鸟北迁，这都是千百年来大自然的规律性语言。**

我们对自然预警有了这样全面的认识之后，就该思索一番：我们为了一己之欲毫无节制的向大自然索取，到了最后，我们索求到手的是福还是祸呢？

面对灾难，我们可以选择

人定胜天的前提是“人定”，人心不安定，世界不和谐，自然界就会以各种灾难表现它的愤怒，而这种愤怒便是一场一场的天灾人难。

自然界给人类的惩罚是如此直接，如果你过度利用，违背自然规律，它就会施以颜色。而正是在黄河断流、长江不断洪灾之际，下岗工人生活状况不佳的现象也越演越烈。人类的阴阳失衡，自然的阴阳失衡，都以各种形式还击给我们。

——了凡

灾难到底从何而来呢？

它来自我们的内心，我们内心的欲望无时无刻不在燃烧着，我们的环境也因此遭受摧残。

当人类在亚马逊河流域大肆砍伐森林时，当那些刽子手在丹麦属地法罗群岛举行“杀鲸大会”时，当那些捕猎者在青藏高原围猎无数的藏羚羊，制造出累累白骨时，当地球上近90%的珍稀动物慢慢面临灭绝时，人类却丝毫没有意识到是我们自己在毁灭地球，是人类无穷无尽的欲望在毁灭地球。

有什么末世预言能抵得上我们亲手制造的恶业吗？

当我们舍本逐末，拼命地追逐红尘里虚无缥缈的名利，大肆破坏着我们身边最珍贵的东西时，这算不算是最大的灾难？这世界，除了大洪水、核武器、环境污染、气候的恶化能毁灭地球，还有地震、来自外太空的伽马辐射线、行星撞地球、黑洞干扰、太阳风暴等，甚至于地球本身的磁场活动也会给人类带来可怕的威胁，大自然是如此神秘莫测，也让人类感到前所未有的无力。但不管是何种灾难，追根溯源，都是人类自身的贪欲造成的。

当绿水青山、高山流水只能是人类的一个回忆时，那地球的末日便真的来临了。

前段时间网络突然开始流行一首叫《忐忑》的歌曲，明星纷纷效仿，平民百姓纷纷学唱，一时间刮起了一股《忐忑》的旋风。它的风行，正好印证了当世之人忐忑不安的一种心理状态。

了凡因语：当在和平年代，大多数人还算是丰衣足食之时，人心的不安便只能说明这个地球在发生质的变化。物质的丰裕终究掩盖不住内心的虚浮，人类正用我们虽然微小却又能毁灭世界的力量在改变着世界。

正如了凡因语所言，从现在开始，如果我们不停止制造大规模的杀伤性核武器，如果我们再不停止对世界珍稀动物的杀戮，那么最后的结果便是：地球上百分之九十的物种将面临灭绝的危险，而人类这个自认为在食物链最顶端的生物，也会随着那些物种的灭绝面临灭顶之灾，这绝不是危言耸听！

有些人一定会问，宇宙是个虚无缥缈无法掌控的无限空间，它会带给地球何种灾难，人类能够掌控吗？这其实就是大自然的力量，在大自然面前，人类的确是微不足道的。

目前，全球气候变暖已成为一种不可遏止的自然现象，因此而导致的全球降水量重新分配、冰川和冻土消融、海平面上升等，既危害自然生态系统的平衡，更威胁人类的食物供应和居住环境。究其根源，主要是人类燃烧煤、油、天然气和树木，产生大量二氧化碳和甲烷进入大气层后使地球升温，使碳循环失衡，改变了地球生物圈的能量转换形式。

自工业革命以来，大气中二氧化碳含量增加了近25%，远远超过科学家可能勘测出来的过去16万年的全部历史记录，而且目前尚无减缓的迹象。**国际能源机构的一项调查显示，美国、中国、俄罗斯和日本的二氧化碳排放量几乎占全球总量的一半。**调查表明，美国二氧化碳排放量居世界首位，年人均二氧化碳排放量约20吨，排放的二氧化碳占全球总量的23.7%。**中国年人均二氧化碳排放量约为2.51吨，约占全球总量的13.9%。**

如此触目惊心的数据说明了什么？当我们在利用高科技为我们的欲望服务的同时，我们也在用自己的双手毁灭我们千百年来赖以生存的环境。

而我们的华夏祖先曾教导我们：凡事要顺应天道，便是顺应自然之道。

老子说："道可道，非常道。名可名，非常名。无名，天地之始；有名，万物之母；故恒无，欲以观其妙；恒有，欲以观其徼。此两者，同出而异名，同谓之玄。玄之又玄，众妙之门。"

循天道，尽人事，在几千年前，我们的老祖宗就知道要遵循自然法则，顺应它，而不是处处违逆它。可反观现在，我们人类却做了许多破坏自然法则的事。森林就好比地球的毛发，大肆乱砍滥伐不仅破坏地球的生态平衡，还会导致一系列的自然感应。河流断水，就好比地球的血脉出现断裂，无法向各个器官输送养分，终有一天地球会像人一样，变得呼吸困难，出现心肌梗塞，血脉不通。

而地球作为宇宙中的一个小星球，破坏了它的生态环境，便同时破坏了它与宇宙的和谐共存状态，所谓牵一发而动全局，我们在破坏地球平衡的同时，也破坏了我们的生存环境。因为即使是微小的地表变化，也可能会影响到气候，同时连锁影响到地球的大气层，影响地球与太阳系行星间的引力关系，影响到宇宙各行星的秩序，各星球间出现运行紊乱，人类的身体也会同时得到感应，生理也会出现紊乱，这便是自然对人类行为的反应。

是的，大部分自然灾难人类都无法掌控，但几千年前，我们的祖先就有了“人定胜天”的信念。宋朝刘过在《龙洲集·襄央歌》中写到：“人定兮胜天，半壁久无胡日月”，这里的“定”不是盲目自大的肯定与自信，而是指人类内心的安定。

这个世界，如果每个人都能安守自己的本分，那么，人类所展现的凝聚力和力量便能超越任何自然界。过去，有很多人误会“人定胜天”就是指人类一定能够战胜自然，这是极大的谬误。实际上，人定胜天的前提是“人定”，人心不安定，世界不和谐，自然界就会以各种灾难表现它的愤怒，而这种愤怒便是一场一场的天灾人难。

灾难从何而来？是来自我们人类，是我们自己破坏了宇宙天人合一的自然规律。

这就是灾难的真相，是我们人类自己造的罪业。

完善自我，给生命注入无边能量

正面的磁场能量，它一定是纯净、明媚、芬芳、明亮的，并闪烁着祥和美丽的光环，这种光环看不见，却一直围绕在你周围。此时，和你有类似频率能量的人便被你感召，自然地围绕着你。而当你是纯净而充满光泽的，佛陀以及更多灵性的物质便会被你吸引，为你保驾护航。

祈请一个安身立命的绿色家园

众生皆苦，世界便苦难重重；众生皆乐，世界也会福乐常安。安身立命需要居所，居无定所的人，又何以去谈幸福呢？

天人合一

宇宙的存在是一个整体，在这个整体中只有“一”，里面没有好也没有坏，没有生也没有灭，得到这个“一”之后你想好，这个力量就变成好的力量；想坏，这个力量就变成坏的力量，这个“一”的力量随着心念的改变而改变。

——释万行上师

什么叫天人合一？在中国古典哲学史上，天人合一是根本观点之一；在中国思想史上，天人合一是一个基本信念。中国传统的儒释道对天人合一都有精到的描述，我们可以从以下几点来具体了解。

从儒家来看：天是道德观念和原则的本源，天是可以与人发生感应关系并赋予人以吉凶祸福的存在，这种天人合一乃是一种自然的，而不自觉的合一。但因为人类后天往往受到各种名利、欲望的蒙蔽，心性渐失，导致不能发现自己心中的道德原则。而我们修行的目的便是去除外界欲望的蒙蔽，达到自觉履行道德原则的境界，这就是孔子所说的“七十从心所欲而不逾矩”。

从禅宗来看：人性本来就具备佛性，只缘执迷于世俗观念，沉陷欲望而不自觉，一旦觉悟到这些观念、欲望的虚假，真如本性便自然显现，也就达到最后成佛的境界。因此，佛学讲“烦恼即菩提，凡夫即佛陀”，而真正达到觉悟后的境界是什么呢？就是顺应自然之意。

从道家来看：天是自然，人也是自然的一部分。庄子说：“有人，天也；有天，亦天也。”意思是说人和自然在本质上是相通的，故一切人事均应顺乎自然规律，达到人与自然和谐。但由于人类制定了各种制度与规范，使人渐渐丧失了原有的自然本性，变得与自然不协调。所以，人类行道的目的就是“绝圣弃智”，打碎这些加于人身的藩篱枷锁将人性解放出来，做到重新复归于自然，达到一种“万物与我为一”的精神境界。

更有西方学者提出：天人合一是遵循宇宙整体运动规律的一种辩证思维方法，这种大思维实际上是全息论，即任何个体中都包含着整体。甚至，西方的有识之士冷静地指出：西方社会能否生存，取决于能否吸收东方首先是中国“天人合一”的思想，这将是一场真正意义上的文化革命。

总之，不管是哪派的学说，都脱离不了中国哲学的世界观和自然观范畴，而这些都源于距今三千多年前的《易经》。《易经》认为宇宙由天、地、风、雷、水、火、山、泽八种基本物质构成，其中天地又是宇宙的最根本的本原，天地交感而产生万物，这就是中国哲学的最早的唯物主义思想。

由此，我们说宇宙自然是大天地，人则是一个小天地，好比一个接收天体信息的小宇宙。大自然与人组成一个天人相应的场态，即天人相通，万物和谐。所谓循天道，尽人事，便是此意。

然而，在人与自然的关系中，人类长期以来奉行的是自我中心主义：认为人是天地至尊，万物当为我所用。进入工业时代以来，科学技术创造了高度发达的物质文明，在繁荣和辉煌的成就面前，人的开拓欲望空前高涨一种无所不能，无所畏惧的狂妄和傲慢开始在心里生根发芽。

当这种征服欲膨胀到了一定程度时，我们开始偏执地认为，为了满足人类的需要而进行的各种经济行为都是合理的，也是合乎道德的。这样的思想和价值观已经随着强烈的欲望渗入现代文明的血脉中，它不仅左右了人类的行为，也改变了人类对大自然原有的情感和尊重。

反观历史，我们的传统文化向来倡导的就是理性、和谐的自然观。

老子说：“人法地，地法天，天法道，道法自然。”

一个国家高度文明的发展应该建立在道德的基础上。而现在，先哲所提出的自然伦理思想已被新生的“人定胜天”的豪言壮语代替。于是，被欲望点燃的征服火种湮灭了人们对大自然最后的一丝敬畏，大肆地对自然资源进行掠夺性的开采和使用，对野生动物滥捕滥杀，对大自然任意改造。这一切的一切，都违背了先贤“天人合一”的忠告。

古人言：天作孽犹可恕，自作孽不可活。人类终究会为他的所作所为付出应有的代价。

从微观上讲，一个人的力量是微小的，而几十亿人的力量却是强大的；一个人的破坏可能微不足道，但几十亿人的破坏便威力无穷，这绝对不是危言耸听。

释万行上师在开示众生中曾讲道：

每一个人都是一个完整的宇宙，能够和人沟通就是和宇宙沟通。人尽管只是宇宙的一滴，但这一滴具备了宇宙所有的属性和特征。人体随着四季变化，四季随着宇宙变化，宇宙又是随着人的心态在变化。宇宙的成、住、坏、空都是由人类来决定。

中国学术泰斗季羡林解释为：天，就是大自然；人，就是人类；合，就是互相理解，结成友谊。所以，了凡先生指出，一个人起心动念是否符合自规律，即是否达到“天人合一”的境界，直接关系到事情的成败和自身的运势。如果我们自身的起心动念在破坏与自然界和谐共处的规律性，便无法达到天人合一，事情便无法得到圆满。

这也是为何有时我们做一件事能事半功倍，有时却是事倍功半，功败垂成。医此，我们每个人在行为处事方面一定要有所觉醒，顺应自然规律，合乎道德取向的可为之，反之，我们就是在给自己种罪业。

了凡因语的形成

什么叫《了凡因语》？我首先从这个书名谈起。了凡因语就是追溯本源，从我们当下所看到的物象好坏，推断事物的吉凶，同时反观内醒，扫尘除垢，为明天我们要看到的世界播下善种，重塑生命！

——了凡

在采访了凡先生的过程中，我对“了凡因语”也有了初步的了解，它的形成来自了凡先生对大自然与生命的另类解读，它的基础理论源于中国五千年传统文化的根基，其思想脉络贯穿于人类与大自然相生相谐的历史进程。

了凡医语中所指的物象，包括自然界的万物，也包括人类后天所创造的万物的现象与特征。

比如十字路口的红绿灯，机场的飞机起落等都属于了凡因语借助的物象和参照物。这些物象虽然不是自然界原本有的东西，但经过人类的改造，已经具备一定的规律性，所以也可用来作为预测吉凶的参照物。

以物象推断吉凶，自古就有。

古时候，没有气象站，更没有卫星勘测气候，有经验的人常常透过自然间的无数征兆，总结出很多因果规律。比如蚂蚁搬家代表有大雨，老鼠迁移意味着将有洪水，等等。这些物象使人相信，在自然背后必然潜伏着凶，而物象就是自然界给我们的暗示。

了凡因语正是来源于几千年的中国传统文化积淀，是老祖宗智慧精髓的提炼，它既是一种能预测吉凶的工具，又是一种通过现象找寻事物规律与本质的生命学说，亦是一种让人认识自我反观内醒的生命哲学体系。虽说通过“了凡因语”预测吉凶与古代的梅花易数有类同之处，但梅花易数更侧重于预测，它是“术”，而了凡因语更侧重于心理觉知及生命警醒的作用。

宋朝易学大师邵康节在观赏梅花时，偶然看见麻雀在梅枝上争吵，觉得很蹊跷，于是以易理推衍后，预知明日夜晚会有女子前来此地摘梅花，被园丁发觉而追逐，女子惊慌跌倒伤到膝盖。此预测现象果真在隔夜丝毫不差地得到验证，邵康节也因此名闻于当时，大家将这种预测方法取名为“梅花易数”。

“梅花易数”是依据万物皆数、万物类象的原理来起卦与推断，所以起卦方法灵活多变，时间、方位、物象、声音、色彩等皆可随手拈来断卦，更强调耳、目、心的运用，把断卦之际的一切外界信息都纳入卦中作为参照物来进行占断，但因为自然万物变幻莫测，所以，这是一种比较难于掌握的预测方法。

万法皆有因果，万事皆随自然，生命原本就有其自然遵循的轨道。

了凡因语就是追溯本源，从我们当下所看到的物象好坏，推断事物的吉凶，同时反观内醒，扫尘除垢，为明天后天我们要看到的世界种下善缘，重塑生命，收获善果。

需要强调的是，“了凡因语”不是纯粹预测的工具，而是一种观察自然，改变命运的思维方式，它不是为易经预测大师提供一种预测术，而是为普罗大众提供一种直达成功彼岸的改运方式。它将带给我们一种全新的生命认识与体验，让我们在了解自然的同时，更了解生命的本质。

这套体系，寓情于理，实践与理论融合，深入浅出，通俗易懂，将切实指导我们日常生活，不仅教导我们如何心想事成，如何趋吉避凶，更可以最终达到天人合一的境界。

比如今年夏天，我去新疆时在广州机场洗手间遭遇的一场突发事件：

当时我去洗手间将身上背的佳能7D挂在洗手间门后，可能是因太匆忙，出来的时候把相机给忘了。就在我洗完手要离开时，突然机场广播里传出某人遗失手机的消息，并请失主马上去认领。我当时立即警醒察看自己包里的手机，发现手机还在，随后我突然觉得不对，好像缺少了什么东西，于是我转回刚才的洗手间，很自然地便发现了相机。

也许，很多人会觉得这只是一次偶然，但前后一想，其实它的发生也是一个必然，是由我们身上的场态决定的。当我们身上阴气场大于阳气场时，就很容易会因粗心大意遗失某件珍贵的东西。如果我们细心分析，就会发现，其实在遗失前自然界已经发出某种特别的警示，更奇妙的是，有时警示还不止一次。

就比如这次机场事件，早在我进安检时就有了某些暗示。

当我在过安检时，前面的某位旅客丢掉了一部手机，当时我捡起手机看了看，发现那部手机和我的手机竟然一模一样，只是屏幕画面不同，后来我把它交给了安检员。想不到这个小小的插曲，竟然是为后面我的佳能相机的丢失作提前预告。

说实话，若只是看现象不看本质，我们得不到任何教训。

其实，我们在生活中遇到的任何问题，都是由我们自身决定的。我相信也许那段时间我身上存在某些违缘的事情，自然界才会提前给我警示。不止我，在生活中，我们大家都应该有所借鉴。当我们不断地吸取教训，反观自省时，我们才能发现我们内心深处许多积存已久的尘垢，而这些尘垢是我们不断累积的，如果我们无视它的存在，它就会越积越多，最后因果成熟便会酿成大祸。这也正是了凡因语所传达给我们的福音。

大地，安身立命的家园

世界怎么了？当我们离传说中的末世越来越近，当自然灾害越来越频繁，当我们的世界被许多高科技、核污染、伪劣食品、恶性丑闻等充斥时，我们逐渐迷失在物欲横流的喧嚣世界中，找不到真我的存在，回归自然便成为一种美好的祈愿。

——了凡

不是世界怎么了，我们应该先问问我们自己怎么了？我们的双脚站立在这方厚土之上，我们沐天地之精华，接受了那么多大自然的馈赠，然而，我们不但不知道感恩，还肆无忌惮地破坏着我们赖以生存的家园。天灾人祸多了，我们的内心不安了，可究根结底是谁之过呢？

是我们，是我们在自掘坟墓，是我们在葬送我们得以安身立命之所。翻开近年的环境调查报告，我们的罪孽已清清楚楚地记载在了上面：

曾让我们华夏子孙引以为傲的母亲河“黄河”在上世纪70年代开始出现断流。黄河自1972年下游利津水文站首次出现断流后，进入80年代断流情况没有被遏止，却更加严重，到90年代断流时间不断提前，断流所持续的时间越来越长，甚至在大汛期也会长时间断流。据统计，1997年黄河断流时间长达226天，也即是一年三分之二时间处于断流状态。

从上世纪70年代以来，黄河流域引黄用水量与日剧增，从而直接导致到达下游水量锐减是主因；而中下游工程调节能力不足退居其次。归根结底，是人类对黄河水土资源过度利用而导致的恶果，而要缓解这种断流的现象，除了提高黄河水资源的有效利用率，加强水土涵养保持，改善黄河流域的生态环境，别无他法。

人类自己造成的恶果，必须由我们自己来弥补，否则我们就会自食其果。

相比起黄河断流，长江的洪灾更是给肆意开采自然资源的人类敲响了警钟。

“万里长江，险在荆江。”与荆江相通的洞庭湖，自古以来，都自然调剂着长江流量，起到蓄积洪水的作用。据史料记载，洞庭湖全盛期，荆江每年约有一半的洪水流入湖中调蓄，从而减少了长江的洪灾隐患。但近一百年来，由于大量人工围垦，泥沙淤积，洞庭湖湖面迅速减缩，湖床不断增高，蓄洪能力也日渐减弱。有关专家推算可能再过六十年左右，号称八百里的洞庭将不复存在！

人类所造的恶果，总有一天会让我们自己统统来承受。

湖北多湖，而号称“百湖之市”的武汉，以前仅市区就有大小湖泊池塘130多个，它们像建在城里的天然水库，起着巨大的洪水调蓄功能。可近年来因大量的填湖建房、倾倒垃圾、围湖养殖等原因，这些湖泊池塘逐年锐减。直到现在，全市仅剩下湖塘30多个，调蓄容积不及原本的三分之一。

自然界给人类的惩罚是如此直接，如果你过度利用，违悖自然规律，它就会施以颜色。人类的阴阳失衡，自然的阴阳失衡，都将以各种形式还击给我们。

所以说，人类的一举一动，一思一念，都在创造着地球的历史，如果人类还是那样无视地球的存在，无视自然规律不断做出违逆自然的行动，那时世界末日将不再是空穴来风之谈了。

我们今天看到越来越多的国家出现地震、泥石流、洪涝灾害，它们都是地球的表情，它在震怒时也会像人一样战栗、哭泣、流泪，内心也会千疮百孔。当我们的河流阻断，湖泊干涸时，也正是地球的血脉遭受严重破坏之时。

看过《和谐拯救危机》公益纪录片的人大概都清楚，当这个世界出现危机时，人们采取的反应不是向上帝祷告，就是向佛主祈愿。为何？因为上帝宣扬广施博爱，佛教讲众生平等。地球上的任何物种都没有分别，都要和谐共处，相互关爱。

但我们看到的却恰恰相反，有的国家为了争夺人类共有的石油资源发生战争或者为了土地纷争而大动干戈，他们为了某种经济利益而发动这些无谓的战争，致使生灵涂炭，人类遭殃，地球也是满目疮痍。

有人会说，一个国家的行为，于个人来说是无能为力的，一个人的力量有限，毕竟一个个体无法主宰这个国家或整个世界的命运。但试想想，若没有某个国家元首的竭力主战就不会有战争，若世上没人发明核弹，没有人发明武器，没有人类欲望的膨胀，又怎会有无休止的战争与掠夺？

究其根源，是作为世界一份子的人类在各种欲望膨胀中种下了恶果。大到世界、国家，小到城市、单位、家庭，如果都能和谐共处，那这个世界会不会更美好一些呢？

众生皆苦，世界便苦难重重；众生皆乐，世界也会福乐常安。安身立命需要居所，居无定所的人，又何以去谈幸福呢？警醒吧，不要再沉迷于个人的欲望之中，为了我们自己，为了我们的子孙后代，爱护这片大地，守护我们的家园，这才是我们人类义不容辞的责任。

人，不能反客为主

《易经》的本质无所谓吉凶好坏，合适就是最好的，它主要的精髓是让我们了解人与自然之间的关系，你到哪一个阶段应该做什么，不应该做什么，帮你找到自己的位置，也就是你自己的春夏秋冬。春天到了你就开花，迎运而上。冬天来了你就潜藏，蓄势待发。整体概括起来其实就两个字“位当”。

——了凡

什么叫“位当”？就是在适合的位置上做合适的事。这里强调的是先找准位置，之后才能谈后面的事情，如果位置都没摆对，那不管我们怎么做，付出多少，都不会有一个好结果。

自然也是如此。大自然中的万物构成了地球上互相关联的生命之网。人类来自于大自然，只是生命之网中的一个结点。一旦我们不安分守己地守住自己的这个点，造成了生态链条的断裂，那么，生命之网将会支离破碎，而人类也将无法生存。这就是“位不当”造成的大灾难。作为人类，我们要生存，就必须仰仗自然宇宙。

人类是属于自然的，而自然并不属于人类，人类寄居在地球上，与自然界的植物和动物从本源上并无区别，换句话说，我们人类只是大自然的客人。大家不妨想想看，一个客人会对主人的家肆意改造，胡乱安排吗？这种反客为主的行为自然是不对的。所以，人类对于自然也是如此，如果位置站错了，就算费尽力气，倾尽财力做出你认为非常好的事情，也不会产生好的结果。明白了这一层关系，我们就能够理解，为什么说“人，不能反客为主”了。

第一代环保活动家，也是资深环保作家的唐锡阳先生曾经这样写到：

人类要谦虚一些、慎重一些、节制一些……倡导生态文明的关键是我们要尊重历史，尊重自然，尊重现实，摆正“人”在大自然中的正确位置“人”字现在写得太大了，应该写小些，把“人”写在应有的位置上。

唐锡阳先生的这段话可以说是“位当”的最佳阐述。如果我们人类都怀有这样的善念，摆正自己的心态，找准自己的位置，守好自己的本分，我们这个世界就不会面临生存危机。

了凡因语有云：生命之间需要对话，但不一定需要语言，和自然握手，和天地拥抱，随处结祥云。

与世为善，随处结祥云，这也是我们作为人类要学会遵循的一个处事原则。以己心换彼心，以己爱博彼爱，他人他物所不能承受的，必定也是自己所不愿的。天地万物因果循环，花开花落相处是缘，往来皆客聚散随缘，一盏清茶心结千年。

老子说：道生一，一生二，二生三，三生万物。我们人类和自然界的万物一样，都是由大自然衍生出来的孩子，假若我们不彼此相爱，而是相互破坏，母亲又怎会不难过？小孩子不听话，父母都会管教一番，何况我们做出的是让大地母亲寒心的事情，责罚也就在所难免了。

所以古人说：父慈子孝，才能家和身安。我们如果能做到对自然敬畏，懂得约束自己，不做违反自然法则的事情，人生这段旅程，我们大可以走得轻松愉悦。

让我们以爱的名义祈请

呼唤的奥秘：针灸临床，扎某一个穴位，可先呼唤这个穴位的名字七次，然后请它开门，疗效就会完全不一样。万事万物都有名，你祈请它，呼唤它，它就会回应你，虽然你看不到它。老子说：“名可名，非常名，也是说万事万物的名，是可以呼唤出来的，但更重要的是要唤起那些我们肉眼看不到的物体和生命！

——了凡

人要学会与自然天地宇宙对话，向天地佛陀祈请。正如水能够感知爱的信息，自然万物都能感知爱的信息，并将它转化成一种推动世界的力量，让我们的世界变得更美好。

从古至今，上至皇亲国戚，下至天下黎明百姓，都相信天地自然的力量不可抗拒。于是各处都流传着各种祭祀祖先祈请天地的传说，祈福来年风调雨顺、五谷丰登和国泰民安。

古时候，历朝历代的封禅大典都是极其隆重神秘的，从某种程度上反映出中国传统文化对天地自然的崇拜。封禅大典起源于春秋至战国时期，是当时齐、鲁的儒生为适应兼并争霸趋向统一的形式而提出的祭礼。当时的人认为泰山是世界上最高的山，人间的最高帝王应当到这座最高的山上去祭至高无上的天帝。封是祭天，禅是祭地。泰山封禅，便赋予了帝王取得上天承认自己是“天子”的神圣意义。

封禅是中国古代民族或国家最高祭典。因为它是人间“帝王”与天、地通话的仪式。《史记·封禅书》正义云：“此泰山上筑土为墠以祭天，报天之功，故曰封。此泰山下小山上除地，报地之功，故曰禅。言禅者，神之也。”

封禅大典是上古流传下来的传统，历史上有记载的第一个真正举行封禅大典的是秦始皇，举行封禅大典最多的是汉武帝刘彻。封禅大典是泰山独有的古老礼仪，也构成了泰山崇拜与信仰的重要内容。很多人会以为，这只是一种迷信或对天地盲目的崇拜，其实，它不只是一种崇拜，也是中国天人合一理念的一种体现。

祈请真的如此重要吗？还是说那只是一种心理安慰？

从某种意义上它既是一种寻求心理安慰的形式，也是一种与天地自然沟通的渠道。天地能接收和储存负面的能量，也能接收和储存正面的能量。当天下太平，人民安居乐业时，自然会风调雨顺；而天下大乱，人民流离失所时，自然界也是满目苍凉，灾害频繁。

其实，从物理学的角度来讲，光是有一定波长的，而人就具有产生这种波长的功能。

所以，人感恩的意念或憎恨的意念，都会形成一种波长射向目标。日本学者的实践证明，水可以记忆善恶信息，感知美丑，那自然界的万事万物都会有感知善恶的能量。当我们众人祈福时，天地自然就能听到祈请之声，善良的信息便形成了一个极大的能量圈，而这能量圈足以让云雨产生变化，从而普降甘霖，润泽大地，这是祈请感召的力量。

前提是，我们的祈请是真诚的、发自内心的声音，而不是假装的、伪善的声音。

另外，我们的行为应该与我们祈请的内容一致，比如当我们祈请天下苍生平安幸福时，我们应该真正要善待世间万物，包括那些不能说话的小动物，我们绝不能在边杀生时边祈请天地护佑，这样祈请是绝对无法实现的。正如有些政治家在祈请天下和平时，却又为了某些经济利益向某国发动战争一样，一边做着刽子手，一边祈请天地来维护世界和平，如此背道而驰，又怎么会得偿所愿呢？

所以说无论是人还是天地宇宙，都是不可欺骗的。因为所有违反天道的行为，都不符合自然规律，终将遭受相应的惩罚。祈请只有发自内心，才能达到预期的效果。

2008 年，当四川汶川发生地震后，有无数生灵惨遭厄运。此时也有无数充满爱心的人汇聚成一股强大的力量向天地祈福，中国人民前所未有的团结让世人震惊，也让这场空前的浩劫很快呈现祥和的局面。当时，也有许多高僧大德呼吁他们的信徒及佛陀的力量，来护佑加持受难的灾民。

的确，众生的力量是无比强大的。

星云大师当时也为地震灾区写过一篇感人至深的祈愿文。

星云法师的《为地震祈愿文》我们节选一段如下：

……

请求您让他们都能体悟，现实的家园会有成住坏空，自己的本性才能永恒安住；请求您让他们都能了解，即使骨肉至亲，也会有生离死别，只有证悟解脱，才是究竟的依靠。慈悲伟大的佛陀！请求您庇佑劫后余生的人们，赐给他们再生的信心，让他们知道：活着就有希望。赐给他们向前的勇气，让他们明白：生存就是力量。慈悲伟大的佛陀！请您给他们福佑，让他们身心的创伤赶快转危为安；请您给他们定力，让他们悲痛的情绪得到转苦为乐。请求您让他们明白，唯有振作精神，重整家园，才能让亡者得到最大的安慰，才能让自己得到最后的成功。我们更祈求，这次的灾情不要再扩大，类似的祸害不要再发生。更祈求您加被所有的民众，让大家都知道你我生命是共通的，让大家都体会自他关系是互动的；我们一定要在平时作好防范工作，我们必须要互助合作，居安思危。慈悲伟大的佛陀！请求您接受我至诚的祈愿，慈悲伟大的佛陀！请求您接受我至诚的祈愿！

正因为有如此多善良的人加入了祈请的行列，有如此多真诚呼号的声音，政府与民众团结一心，才有了强大的能量，让汶川地震灾区很快得以重建。在无数爱心人士无私的奉献中，地震灾区的人民很快恢复了幸福祥和的生活。在灾难面前，我们终于知道，信念的强大能量，它虽然看不见摸不着，却能支撑千千万万受苦受难的人民从灾难中站起来，用微笑去面对惨淡的人生。

所以在生活中，我们要学会祈请；学会将自己的信传播出去，这样将获得更多正面能量的加持，我们所做的事才会更加顺利。只要我们相信祈请，祈请的能量就会更加强大。

有这样一个感人的故事：

从前，有一个小镇很久没有下雨了，当地农作物损失惨重，于是牧师把大家集合起来，准备在教堂里开一个祈求降雨的祷告会。人群中有个小女孩，因个子太小，几乎没有人看得到她，但她也来参加祈雨祷告会。就在这时，牧师注意到小女孩所带来的东西，激动地在台上指着她："那位小妹妹很让我感动！"于是大家顺着牧师手指的方向看了过去。

牧师接着说："我们今天来祷告祈求上帝降雨，可是整个会堂中，只有她一个人今天带着雨伞！"大家仔细一看，果然，她的座位旁挂了一把红色的小雨伞。这时大家沉静了一下，紧接而来的，是一阵掌声与泪水交织的美景。

的确，有时我们大人还不如一个孩子。孩子虽然天真，但他们却坚定单纯地相信信仰的力量。

了凡因语：天不交，地不养，人永远干不了大事，神要回来，要专注，要认真，只有聚精会神，天地之气才能和你相应！拜祖宗是为了培养自己的孝心，用心灵承接祖宗累积的能量；拜土地是为了感恩珍惜土地，我们生长在大地上，大地是我们的母亲；拜龙王是珍惜感恩水，因为人体有70%~80%是由水组成；拜天地，拜自然及所有的一切的生命。当所有生命都和你成为一家人时，你办任何事都不叫事，那只是回家！

俗话说"闲时不烧香，急来抱佛脚"，有很多人平时坏事做尽，临到出事时才突然想到佛陀的保护，这样的人佛陀会保佑你多少呢？一个人若平时很少与天地自然交流，没有积累相应的正面能量，遇到事情时再想法补救已为时晚矣。一个人若总是以功利的心去对待我们的信仰，就很难与天地相应，也很难得到天地和灵性物体的护佑。

所以祈请不是一种满足自我与私利的手段，而是与天地结缘相互沟通的方式，我们在祈求佛陀保佑我们平安幸福的同时，更多的是祈请天下众生的平安幸福，祈请保佑我们生存环境的平安祥和，这样才能获得更大的能量。佛家讲，爱人如爱己，爱小家爱社会爱国家，从小爱到大爱，才能获得自我的超越。用心祈请吧！让我们的视野更加开阔，让我们的事业和生活都一帆风顺，让我们人生舞台更加广阔！

阴阳和谐，提升你的生命能量

一个人的健康状况、情商和意志力等因素都会影响到生命能量的强弱。但如果我们靠自身的努力，积德行善，多补充正面能量，建立良好的心态，就一定能趋吉避凶，心想事成，成就非凡的人生梦想。

由守恒定律说去

各种能量形式互相转换是有方向和条件限制的，能量互相转换时其量值不变，表明能量是不能被创造或消灭的。

——能量守恒定律

每个人都是一个小宇宙，有自身的磁场与能量。

人一出生，从脱离母体的那一刻，就已经具备了先天的磁场与能量，与天地宇宙有一种自然互动和沟通的方式。这种能量既看不见，也摸不着，却真实存在着，并时刻影响着我们的命运。

除了先天的条件决定，它也受后天环境的影响，一个人的健康状况、情商和意志力等因素都会影响到磁场能量的强弱；还有我们对父母的孝道，我们为人处事的态度，是积极还是消极的，是阴性还是阳性的，都会影响到我们后天的能量。

所以说先天的能量是一个基数，而后天的增补却是要靠我们自身的努力，积德行善，尽量以自然规律来处世，多补充正面能量才能趋吉避凶，心想事成，成就非凡的人生梦想。

磁场和能量实质上是一个人身、心、灵散发出来的能量所形成的能量圈，即一个人先天和后天性格及习气所形成的一种惯性特质，而这种特质又会自然不自然的吸引或排斥相同或不同磁场频率的人。

台湾著名的生命科学研究学者李亮辰教授的人体“五色磁场”理论，也正是基于此定律而研究出的穿衣开运学说。在中医学上，气是人体的基本要素，真气充沛的人，精力旺盛，身体健壮；而当我们真气枯竭时，元神耗尽，人就会消亡。人与人之间若气场相合，就会不自觉地相互吸引，达到身、心、灵的相互融合，自然会相处愉快，成为知己或恋人；反之，就会相互排斥，沟通困难，难以相处。

磁场与能量在人体外在形式的体现主要是：个性、气质、习气、影响力、说服力、吸引力、魅力等。磁场与能量的强弱，会直接影响到我们的个性、气质、习气、影响力、说服力、吸引力和魅力。这些气质的外在表现往往在先天出生时便决定了一大部分，它受家庭环境、父母基因、祖辈福德、前世修行等各种因素的影响，当然，后天环境也会影响到我们能量的强弱，如社会环境、家庭条件、父母教育、学校教育状况、自身修为等。

除了这些外，后天善功的累积，福报的加持却是必须的，当我们通过后天修行增加我们的福报时，也会相应增加我们的能量。比如多行孝道、多做善事、广播福田、多结善因。这样也会大大地增加我们自身的能量，从而切实地改命增运，让我们心想事成。

所以，我们今生每天的一思一念，一举一动，也会影响到我们下一世的福报。

生活中，有很多人往往在拥有财富时不懂珍惜，不能善用财富广积善缘。为人处世舍不得花一分钱，活像个守财奴，有时甚至怕穷亲戚上门借钱，于是整天编造自己没钱的谎言。殊不知，当我们无数次将谎言当成事来讲时，总有一天谎言真的会变成现实，这在一定程度上说明了意念的力量无比强大。

这样的人，即使这一世变不成穷光蛋，下一世也会成为身无分文的人。

有这样一个禅学故事：

过去曾有位海空禅师，他发愿想建一个大丛林，可是他根本没有钱，于是他就问自己为什么没有钱。他带着这个疑问入定，回到了过去，他发现他前世曾经很有钱。可是那时的他见到钱心就生烦恼，总怕别人知道他有钱而算计他。于是他经常对别人说："啊呀，我没有钱哪，我很穷啊……"

也正因为昨天他种下了这种因，所以今世的他真的变得非常穷，成了身无分文的僧人。可他却又发了这个善良的誓愿，要建一个大丛林。怎么办呢？于是他再次重新入定，回到前世的时光隧道里，把前世见到钱就心生烦恼，说自己没钱的那些谎话，就像计算机格式化一样的全部清空，他又重新输入："我有很多钱，我有很多财富，我很有钱……"然后他马上出定回到今世——果然，今世的因缘立即成熟，因缘巧合中他拥有了很多钱，之后便把丛林给建起来了。

前世种下的因，才会有后世所结的果，你种下善因就得善果，你种下恶因则得恶果，但很多人往往不明白。所以我们要记住这一点：我们的一举一动、一思一念、一句抱怨、一个谎言都会成为一种能量，直接影响我们的运势。当我们怀着好的想法做好事行善功时，我们的能量也会相应的增加；而当我们怀着龌龊的想法做恶事，我们的能量也会相应的递减。

为什么说"菩萨畏因，凡夫畏果"？是因为菩萨知道所有的果报都是之前种下的因决定的。

种瓜得瓜，种豆得豆。你给出去的是什么能量，那么最后回收的也将会是相对应的能量。善有善报恶有恶报，便是这个道理。

夫妻和睦的守恒定律

阴阳守衡定律：女人最瞧不起软弱的男人。女人喜欢强悍男人身上的软弱。女人往往是发现了男人不轻易示人的软弱一面后，才会真正爱上这个男人。

——了凡

自然界万事万物，一阴一阳谓之道。

这世上男女间的相生相克，也是阴阳相互作用的结果。

现实生活中，女人往往会爱上和自己的个性完全相反的男人。

性格温柔的女人往往喜欢阳刚率直的男人，因为阴阳互补，才会相吸。

而性格强悍的女人却往往喜欢个性老实胆小怯懦的男人，因为这和男人能够满足她阳性的需求，又能保持她体内的阴阳平衡。

可见，阴阳是相互变化，往复循环的。女人身上有阴柔的一面，还有阳性的一面，所以当她一旦爱上一个阳刚男人时，她体内的阳性场态也需要中和调节，而当她一旦发现男人软弱的一面时，她就会像发现新大陆一般欢喜。因为每个女人身上都同时怀有母性的一面和父性的一面，渴望自己的男人有时像婴儿一样依赖自己，有时又像父亲一样呵护自己，这也是体内阴阳场态的需求。

女人似水，男人似山，女人的爱柔情似水，绵长灵动；男人的爱却是坚韧不拔，稳定如磐石。

山与水是静与动的相融，是刚与柔的相生相克。

了凡困语：男人的爱是俯视而生，而女人的爱是仰视而生，如果爱情像座山那么男人越往上走可以俯视的女人就越多，而女人越往上走可以仰视的男人就越少。

男人为阳，女人为阴。所以大多数男人爱温柔贤淑的女人，需要女人的阴柔来与自身的阳性场态相生相合。男人一般不会爱上比自己强势的女人，所以一个强势的男人越有本事，他处的地势越高，可以俯视的女人就越多，因为这世间处于弱势的女人毕竟占多数。

而女人爱上一个男人，往往是出于心底的敬慕与欣赏，一个让她瞧不起的男人是无法让她真心爱慕的。因为阳永远大于阴，阳永远处于显露的位置，处于高高在上的位置，就如同天和地，天为阳，地为阴。所以当一个女人爱上一个男人时，这个男人身上一定有着许多她仰视渴慕的气质。当然，如果一个女人很有才，或者很强势，那她能仰视的男人就越少，而她找到心仪之人的几率也会变得微乎其微。

所以，一个普通大学毕业的女人要比一个攻读博士后的女人出嫁的几率高许多。女人越有才，能与之匹配的男士便越少。

所谓曲高和寡便是此意，一个女人若是阳春白雪，那她一定不会喜欢一个下里巴人。

而男人正好相反，他若是阳春白雪，也不会妨碍他同时喜欢下里巴人与阳春白雪。所以，男人的心可能会同时爱上一个圣女或一个妓女，而女人却不能。

翻看历史，那些混迹在烟花柳巷中的大才子俯拾皆是，比如一代词人柳永，生命中也有两个真爱的女人，如倩娘和玉英，让他恢复自我的本性，灵魂里散发出异样的香气。所以他才能写出“衣带渐宽终不悔，为伊消得人憔悴”这样的千古名句。试想，若没有一个让他深爱的人，他会写出如此销魂蚀骨的好诗么？

由此说来，并不是男人不专一，只是因为真正的因缘尚未遇到而已。

了凡因语：花心的男人是因为没有碰到有魅力的女人。同样，太现实的女人也是缘于没有碰到有实力的男人。一个人大方还是小气，伟岸还是猥琐，忠贞还是虚伪，一方面取决于环境的熏习，更重要的一方面是取决于他或她的另一半，及所打交道的人是阳春白雪还是下里巴人！

真正有魅力的女人，懂是一阴一阳，一张一弛。

她不仅上得厅堂，下得厨房，在外面可以做女强人，在家里也能做一个温柔可人相夫教子的小女人。她时而干练洒脱，时而风情万种，仪态万千。有魅力的女人是一道明媚的风景，她所到之处总是如春风扑面，她不仅会吸引老公的视线，还会吸引其他男人的关注。

这样的女人不用刻意盯梢，不用查看男人的短信，不用整日打电话问候男人的行踪，她一样能牢牢拴住男人的心，这样的女人才当称极聪明的女人。聪明的女人有很多面，她表面上依赖男人，骨子里却是个独立自主的人；她动静皆宜，远看是一朵婉约的花，静看是一枚温润的暖玉。她可以让花心男人的见异思迁无处发挥，因为他再也找不到一个如此有魅力的女人，不仅能满足他的虚荣，还能满足他的阳性需求。

所以说，一个男人最大的成功，是娶了一个有魅力且聪明的女人。

一个懂得在婚姻里收放自如的女人是睿智的，要知道，男人就像沙，你抓得越紧，他消失得越快；男人就像风筝，你只有放长线，他才能飞得越高，但他无论飞得多高，只要你不时拉一拉手中的线，他还会回到你身边。

了凡因语：一个女人，太四平八稳了，端正得过分，始终是不可爱的！心中有爱的女人是打开的、放松的、全然的，像花儿一样的开放！

一个女人，若懂得阴阳规律，便知道再强悍的女人在家里都要刻意地示弱。

女人就应该具备女人的特质：温柔的、爱撒娇的、赏心悦目的、优雅的。

女人要有柳枝般的柔软与坚韧，更有花儿般的芬芳与柔媚，这样的女人男人不爱是不可能的。

很多时候，当男人生气时，女人一个柔媚的微笑，一个撒娇的拥抱便胜过千军万马。

世人常说英雄难过美人关，一个再彪悍的男人，遇到温柔似水的女人也只能缴械投降。所以，历史上有冲冠一怒为红颜，有一笑倾人城，再笑倾人国。即使是相貌不美的女人，只要够温柔，够可爱，依然能让男人醉倒在温柔乡里，不能自拔。

但前提是女人要懂得阴阳守衡定律，懂得适度地满足男人的阳性需求，以柔克刚，这才是女人幸福的不二法门。反之，当一个女人呈现阳性状态，外表冷硬，处处与男人对峙时，便会发生争吵、冷战，甚至闹到一发不可收拾的地步。因为阳性对阳性，以刚碰刚，最后的结局总会两败俱伤。

阴阳平衡，衍生爱情

生活中的阴阳感悟：阳面的东西用眼睛看得见，阴面的东西只能用心去感觉。一个最爱你的人，不在于他向你显露的阳面，而在于他所不能向你表达的那个阴面。因此，如果你想了解他，不要去听他说出的话，而要用心去倾听他无法用言语表达的心语。爱，有时如佛家的禅语，不可说，不可说，一说就错！言语道断。

——了凡

当夜深人静时，我们常常感到灵魂虚空。

当我们身边没有伴侣时，总觉得世界缺少了什么，这是灵魂的孤寂，是心的不圆满。

而这个世上能填满你所有虚空的人，便是你的另一半，那个唯一的灵魂伴侣。

他（她）此时可能还未能与你相遇，但他（她）有和你身上相同的气场与频率，所以当你一出生，你们就注定要踏上寻找另一半的旅途。

《圣经》上说：上帝造了亚当后，看他没有配偶，就趁他熟睡时取下他的一根肋骨，又取下他的肉合成了夏娃，于是亚当说这是我的骨中骨，肉中肉。因此，人要离开父母与妻子结合，二人成为一体。

佛家讲因缘轮回，每一个我们今世遇见的人，都可能是我们前生的有缘人。

佛说，世上最捆人的莫过于感情，佛门里讲“三界轮回情为本”，而情不仅为轮回之本，也是成佛之本。敢于打开“情”的大门，才有可能做到把情升华为无分别的爱。天道是在人道的基础上修炼成功的，欲修天道，先行人道；天道修成后，又是在人道中发挥天道的力量。

所有属于灵魂的情感，都需要心灵的交融，无须语言便能明白。

当你爱上一个人时，只须聆听你和对方的心，便会知道你们是否真爱对方。

真爱你的人，眼里没有尘世的杂质，他（她）没有过多的物欲；他（她）不会要求你给予更多的物质利益，他（她）只须你在身边便能很快乐，哪怕是风餐露宿也毫无怨言。

真爱你的人，你无须听他（她）的甜言蜜语，只须看他（她）的眼神是否真诚，便会知道他（她）爱的是你，还是你身上的外在条件。真的爱，会从你的心尖流到对方的心尖，当你感到痛时他（她）也会痛；当你感到冷时他（她）也会冷。

所以说，真爱不可说，不可说，一说就错！言语道断，反而失了纯真的本质。

泰戈尔说："翅膀下挂着沉甸甸的金钱是飞不高远的。"当我们身上背负太多物欲时，不仅体味不到爱的本质，更感受不到质朴简单的快乐。

释万行上师说：男女之所以会互相吸引，实是两种能量在背后推动造成的，每个人都是由两种能量和合产生的。如果你是男人，那么在你身上会有阳性能量百分之五十一，阴性能量只有百分之四十九。是女人的话，在你身上会有阴性能量百分之五十一，阳性能量只有百分四十九。在每一个人身上是有一半的能量在沉睡，如果你是男的，会有四十九的阴性能量在沉睡，女人身上会有四十九的阳性能量在沉睡，因此每一个人都会寻找另外的百分之四十九的能量来协调——如是产生了爱情。

很多时候，当你见到一个人时，你会有似曾相识之感？

这种似曾相识，其实是一种气场和能量的反射。能够让你感觉熟悉的人，你一定会觉得面善，这说明对方和你身上的场态有共振之处。当你们两个人的能量相互共振时，身体自然就会有微妙的变化，心灵的悸动伴着身体分泌的荷尔蒙。在这种作用下，你会发现你们虽然萍水相逢，但却好似相识了几百年，对方的一个眼神，一举手一投足都能牵动你每一根神经。当你们分开时，你会不由地想起他；在梦里，你会不由地梦到他。

这就是阴阳和合所衍生出来的爱情，这种场态让你们觉得融洽，觉得对方就是自己这辈子要等的人。爱情就是在这种平衡的作用下得以呈现的。

提升个人能量，净化能量场

不求有钱，但求值钱，只要值钱，就会有钱！有钱是有限，值钱是无限！有钱是暂时，值钱是永远！追钱的人一定是在钱的后面，而值钱的人一定是走在钱的前面，被钱追！财富不是求来的，是由自身能量感召而来的。一如磁铁效应：你磁性的大小决定了你吸引铁块的大小。

——了凡

如果你希望心想事成，希望能量充沛，做任何事都事半功倍，首先必须净化你的气场，减少负面的能量磁场。一般来说，正面的磁场能量，它一定是纯净、明媚、芬芳、明亮的，并闪烁着祥和美丽的光环，这种光环看不见，却一直围绕在你周围，就像一顶华盖或斗篷。此时，和你有类似频率能量的人便被你感召，自然地围绕着你。而当你是纯净而充满光泽的，佛陀、仙界及更多灵性的物质便会被你吸引，为你保驾护航。

而负面的磁场能量，它是混沌的、不透明的、黯淡的、沉重的，就好像一个沉重的盔甲套在你的身上，让你身、心、灵都感到沉重。此时，和你有类似频率能量的小人、坏人便会被你招惹，与你结识或找你麻烦。

当我们常做善事，多积福报，将自己修炼成一个正面能量强大的人，便会自然地吸引财富向我们靠近。自身能量的强弱，决定了我们今生有多大的成功。所以说一个没有德行之人，即使是获得成功，都会因为自己没有福报和能量不足，而终有一天千金散尽，一败涂地。

那些贪婪地想获得财富的人，总是很难得到善终。因为他们的贪心蒙蔽了他们的灵性。

每个人都有独一无二的能量磁场，能吸引人的关注，而最重要的一点便是我们的精神状态，即我们每个人的内心世界，我们的精神家园。当我们心念与精神积极向上时，我们向外所散发的能量也是正面的；相反，当我们消极、郁闷时，我们向外所散发的能量也是负面的。

那如何补充我们身体的能量呢？我们可以从五行的角度来补充。

心、肝、脾、肾分别代表五行的火、木、土、金、水。

肾功能不好，容易出现险情天灾人祸，甚至会引起官非口舌诉讼之事。做水产生意容易亏损，做事有头无尾易召小人，北方市场开发不好。

最好的养生方法是养精保肾。

人体衰老与寿命的长短往往决定于肾气的强弱。《黄帝内经》指出“精者，生之本也”，《寿世保元》云：“精乃肾之主，冬季养生，应适当节制性生活，不能姿其情欲，伤其肾精。”精气流失过多，会有碍“天命”。冬属水，其气寒，主藏。故冬天宜养精气为先，对性生活有节制。

心脏功能弱，面对机遇有心无力，不能把握大局，不适宜做电器文化等火性行业。

心脏五行为火，主阳气，主血脉，主心智。素食可以防止心血管疾病。黄豆和豆制品如豆腐有利于心脏健康。鱼类与含抗氧化剂的食物同吃（大蒜等），适量饮用红酒有利于心脏，动物心脏也有滋补心脏的作用。预防心脏疾病，早餐尽量多摄取热量，晚餐则尽量少碰油腻食物。晚餐尽量清淡，摄取热量不要超过全天的30%。花生油、花生果、橄榄油等对心脏有好处。心脏病的人不能喝酒抽烟，少喝茶，少喝咖啡，多喝水；多吃水果和蔬菜。

肝胆功能不好，周围变动较多，不稳定。易处于被动挨打局面，难以做草木环保之类的生意。

肝脏五行属木，《黄帝内经》里说：“夫肝者中之将也，取决于胆，咽为之使。”但凡肝脏不好的患者，基本是胆囊患有炎症所致，肝脏功能好坏决于胆囊的收缩功能正常与否。另外，咽喉必定也患有炎症。肝胆不好的人，应该注意保持心情开朗，少发脾气，多做有氧运动。食物要忌生冷辛辣，忌油腻，忌烟酒；多喝白开水，多吃些蔬菜水果。

肺气不足，易召口舌，难以有大的利润，做五金钢材生意易亏损，西边市场开发不起来。

“肺气健旺，则五脏之气皆旺，精自生而形自盛。”肺气不足主要是因为天生体质虚弱造成。症见气短喘促或咳嗽，声音低微，神疲乏力，血压偏低，面色淡白或自汗，舌淡苔白。重在补益肺气，平时可以多做呼吸运动，多唱歌和朗诵，食物可以选择百合、花生、橘梗、黄芪、党参等，帮助润肺补气。

脾胃太虚，做房地产、农作物生意容易失败，不宜开发西南、东北市场。

“脾胃者，仓廪之官，五味出焉。”脾胃五行属土，属于中焦，共同承担着化生气血的重任，所有人体的能量是由脾胃将食物转化而来的。所以说脾胃是“后天之本”，对防病与养生有着重要意义。若脾胃虚弱的人，宜食用红枣、山药、扁豆、芡实、莲子肉等。

所以，保护好我们身体的五脏六腑，便能有效地保持我们身体的物质能量。

除此之外，还有各种后天累积的能量，这就要靠自己的修为来获取了。

总之一句话：一个人身上的能量与磁场，往往决定了他运势的好坏，决定他事业的成功与否，决定了他与什么人相遇，应该做什么事，住什么样的房，这都是先天与后天能量累积的结果。

生命本身就是一座能量库

事物的变化需要一种能量来推动，生命也不例外，需要灵性能量来推动，这种灵性能量用中国智慧的老祖宗的语言叫“德”，即阴德、功德。物理能量从本质上也是灵性能量的一种表现。能量看不见，但却在宇宙间默默地作用着，生命的能量也是如此。人生的一切得失祸福，只不过是生命能量根据能量守恒原理进行转换的一种现象。

——寂静法师

为何有些人一生下来，不用奔波劳碌便能衣食无忧；而有些人整日辛苦奔忙，依然要为三餐温饱发愁。这一切都是由先天的能量决定的，即你祖辈和你自己的福报决定的，而后天的努力，也会推动增补我们的能量。多积阴德善功的人，往往运势会变得越来越好；而专做逆行倒施的事，专做违背人伦道德及有损阴德的事，都会消减自身的福报及能量。

所以，我们身上的所有能量都是由我们的行为、思想决定的，只有时常反观自醒，除尘扫垢，才能长期保持我身、心、灵的纯净，从而远离负面的能量源泉，才会慢慢提升运势，趋吉避凶。

怎么消除负能量，增加正能量呢？

首先，我们时常要审视我们的思想与言语、行为，永远正直快乐地行事，一个善良正直的人，即使行厄运时，都会有贵人出现帮忙，因为你平时累积的功德，已成为一种潜移默化的力量，影响着你周围的人。当你需要帮助时，平时种下的“因”便会和你因缘际会，产生相应的果报。

其次，“近朱者赤，近墨者黑”，我们时常保持与正直善良的人在一起，我们的能量也会因此提升。物以类聚，人以群分，善良正直的人所形成的能量圈无形地会增加你的能量，并让你身心愉快，做事得心应手，快速长。所谓“得道多助，失道寡助”便是此意。

另外，时常释放身体的负能量，也是增加能量的方式。如果我们内心有积怨和罪恶，请多作忏悔，可以用笔写下它，并烧掉它，将我们内心掩藏已久的罪恶与积怨释放，会减少我们身、心、灵的负能量。

还有，环境的好坏也是产生正负能量的关键。优雅纯净的环境能提升能量，相反混乱不堪的环境则会减少能量，增加身上的负能量。所以，早晨起来，多在阳光明媚的地方呼吸，用手指在身体上梳理你的气场，时常有规律地做运动，是保持能量充沛的有效方法。

最后，建立与天地、宇宙的沟通方式，多做祈请，与天地、祖辈、神灵沟通，请求佛陀及灵性力量来净化加持你，可以净化我们的身心，从而增强我们身体的能量。

当然，再多提升的方法都必须先从自身做起，否则效果不会太佳。

看清生命场态，为自己感召善缘

命运虽然看不见摸不着，却是由我们的行为思想决定的，在我们起心动念的同时就已经决定了未来将发生什么，决定了我们遇到什么样的人，走什么样的路，做什么工作，是成功还是失败。

生命是一个气场

人不是一个孤立的存在，一切都是因缘和合而产生。有人的地方就会有江湖，人唯有在群体中充分交融，你来我往，才会形成自己的圈子和人脉。在群体中体会气场是中国人的一大精神源泉，所谓“积水成渊，蛟龙生焉”。

——了凡

什么叫作气场？

在解释气场之前，我们首先要了解什么是“气”？气是万物的本源，太极即气，一气积而生两仪，一生三而五行具，土得之于气，水得之于气，人得之于气，气感而应，万物莫不得于气。因此，风水讲究有气则生，无气则亡。

了解了“气”的含义，我们再来说气场的概念，那么气场是什么呢？

了凡因语：通俗地讲，气场就是一个人的气质，表现为权威性、魅力、风度、影响力等，是一个人身、心、灵所散发出来的能量圈。生活中我们经常说这个人看上去很有气场，某某人很有气质、很有煽动性、比较有魅力，等等。所有这些都是气场能量对外释放的一种结果，它们都是气场的一部分。

现代科学已初步证明，不仅人体有气场，植物有气场，建筑物有气场，万物之间皆有气场。就如万有引力，气场也是万有的。比如，一条河流可能无关紧要，但是和山势走向组合就会形成场态。一幢建筑可能无足轻重，但如组成建筑群，气场就会发生剧变。

所以我们说物和物之间，人和物之间都存在气场。

生活中我们经常会说某个人看上去“财大气粗”，实质上应该反过来讲，“气粗则财大”！一个人气场的能量大小，决定了一个人的成功指数，决定他能走多远。这和物理学的原理一样：磁性的大小决定吸引铁块的大小！

另外，在为人处世上，气场所起到的作用更加关键。尤其是在与人合作方面。生活中，我们常常听到这样一句话：要学会换位思考，要站在对方的立场去想问题。这里所讲的立场就是你自身的思维所形成的气场。

一个人要树立正确的“立场”，才能遵从自然规律，达到天人合一的状态。人际关系最重要的一环，是能否站在对方的立场去设身处地为对方考虑。

通常，我们只考虑自己的立场，而这种“场”又是主观的、病态的、自私的，不符合客观自然规律。强加于别人身上，对方自然会排斥。立场来自自身的起心动念，你是纯粹只想在别人身上捞油水，还是互利双赢，抑或只是利用别人牵线搭桥后再过河拆桥，从你的举手投足中就会流露出来。

孤阴不生，独阳不长，立场一定要相互交换，投桃报李，达到你中有我，我中有你，才会有成交的可能。这就是易经中讲的太极生两仪，两仪生四象，四象生八卦的玄机。你如果不能设身处地站到对方的环境场态，对方的信息你就带不回来。信息都过不来，你又如何和他交流？不交流又如何同流？不同流又如何能达到合屋？

同流合污（屋）其实就是告诉你只有先真心交流才能同流，只有同流才可能同屋。只有达到了同一个屋的地步，那才说明你们是可以彼此接纳对方，并且愿意合二为一了。“污”谐音通“屋”，引申为隐私和问题，也就是说大家经过一段时间的交往，彼此有了默契和信任，可以患难与共取长补短共同成长了。只有到这个时候大家才不分彼此，你的就是我的，我的也是你的，这不就是我们老祖宗经常讲的先舍后得，吃亏才是福的真正内涵吗？

可见，无论何时何地，一个人若想获得对方的认同，必须先调整好自己的气场。而你的生命就是你为自己设定的一个气场，这个气场能为你感召怎样的机缘，就要看你自己的起心动念了。

看清场态，有为有不为

人的行为是受思想支配的，而思想是无形无相的。也就是说，人有形的肉体有相的行为是受制于无形无相的思想。疾病也是同样的道理。比如瘤子它作为一种“物态”是有形有相的，而它受制于无形无相的“场态”所操纵。那么这“场态”究竟是什么呢？就是对事物的起心动念形成的黑子场！此场不消除，割瘤无用。

——了凡

孔子说：道不同，不相为谋。其义是说走不同道路的人，很难在一起谋划。这句话通常用来比喻意见或志趣不同的人就无法共事。《世说新语》中有一个“管宁割席”的典故，原文大意如下：

东汉时，管宁与华歆二人为同窗好友。某天，二人同在园中锄草，发现地里有块金子，管宁对金子视如瓦片，挥锄不止，而华歆则拾起金子放在一旁。又一次，两人同席读书，有达官显贵乘车路过，管宁不受干扰，读书如故，而华歆却出门观看，羡慕不已。管宁见华歆与自己并非真正志同道合的朋友，便割席分坐，自此以后，再也不以华歆为友。

这个典故所要阐释的道理就是君子有为有不为。在生活中，我们了解一个人通常就是通过一个人的言谈举止来做判断的。志同道合，我们携手开创一番事业，若是志不同、道不合，索性早些分道扬镳为好。

像古代圣贤就十分重视朋友关系，他们认为“燕雀安知鸿鹄之志”，意思是说平凡人哪里知道英雄或君子的志向？因此他们才英雄惜英雄，君子重君子。所谓“近朱者赤，近墨者黑”，也正是此意。

我之前有个朋友，是做家居用品的，我们交往虽不是很深，但也时常会有联系。两年前她见玉石生意一本万利，就投入了一大笔资金做起了玉石生意。由于她对这个行业并不了解，不幸吃了大亏，货基本上都砸在了手里。她知道我是做品牌策划的，人脉也广，就想拜托我帮帮忙。我听后当下就觉得这事不可行，因为本身我对玉石也不甚了解，万一害了别人有所损失我自己也过意不去。可我又不好推脱，觉得左右为难。她见我不说话，竟然许我高额佣金，这一来，我越发不能帮她这忙了。我不能为了这可观的佣金，伤害那些信任我的人。为此，那个朋友对我很不满意，说实话，我心里也怀有愧意。不过后来我听说原来她是让人给骗了，砸在手里的那些玉石基本上都是假货。听闻此事，我当下就祷告了一番，幸亏自己还算理智，不然岂不是好心办了坏事，害人也害己。

这件事对我的触动很大。原来一个人的场态好坏影响的不仅是自身，它还会波到周围的人。假若我当时受到那个朋友负面场态的影响，因为一时心软答应了她的请求，岂不是为自己种下了一份孽缘。

生活中，我们经常因为自身的气场会和某些人发生某种关系，有的很有眼缘，一见面就会无话不谈，相见恨晚；有的很不对眼，话不投机半句多，见一次就恨不得老死不相往来。这一切都是缘于气场的感应，气场相合则相生相应，事事顺心；气场不合则事事对立，闹得不欢而散。所以说，事无大小，一定要看清场态，理性选择有为有不为。

阳性场态，感召缘分

对于世界而言，你是一个人；但是对于某个人，你却是他的整个世界。你要相信，每个人一出生就有另外的一半在等待着你的团圆，所以你纵然伤心，也不要愁眉不展，因为你不知谁会爱上你的笑容。这不是奇迹，只要你相信就一定会有。相信我！每个人都是这样，如果还没有出现，那是因为你的心门还没有打开！

——了凡

当你总是慨叹孤身一人时，你是否想过，这世上有另外的一半正在某处等着你？

在一丛鲜花中，最突出的一朵总是最先被人采走。

在一树果实中，最大最鲜美的果实总是最先被人摘。

在一群人中，总是最漂亮笑得最灿烂的那个人最受人注目。

这表示，自然万物中，处于阳性场态的物象是最容易被人关注的。但阴阳法则也告诉我们，万事万物的阴阳都是不断变化周而复始的，所以即便是暂时处于阴性场态，也能通过调整心态来改变际遇。

如果你不是最漂亮的，没关系，你可以做那个笑得最灿烂的，因为你不知道那属于你的缘分在何时出现，也许他（她）就站在不远处看着你，你不知道谁会因为你的笑容而爱上你。所以，无论你现在多孤单，无论你曾经遭受过多少爱的创伤，无论你有多自卑，都别紧闭你的心扉。让阳光照进来，将你心中的悲伤释放出来，让心里住进一个春天，假以时日，你也会感召回一个春天。

其实，每个人身上都有独特的闪光点，不要因为自己长得矮小而自卑，因为在你的他（她）面前，你很可能就是第二个拿破仑；不要因为自己相貌的缺点而自卑，因为只看你外貌的人，根本不值得你打开心扉；不要因为自己才气不如人而自卑，因为有时笨也是一种优势。

打开你的心门吧，当你的心充满阳光时，春风总会吹进你的心田。

如果，他（她）还未出现，一定是你的心门还没有完全打开。

当你的心里还住着悲伤愤懑时，当你还在往事中缅怀时，你是无法感召另一个人全部进入的。此时你身上的场态也会呈现阴性，一切美好的事物便自动与你避开，你的另一半也会和你擦肩而过。而当你春光满面，将你身上的场态调整到阳性时，心中总是想着吸引你的另一半，他（她）便会受你心灵的感召，慢慢向你靠近。

这是了凡因语感召爱的方式，用这种思维方式来感召你的另一半，将比你愁眉苦脸苦苦寻觅不知强多少倍。而当你改变心态，以阳光明媚的心态等待爱出现时，爱真的就会很快出现。

所以，在你微笑时，不妨多看看周遭，是否多了更多关注的目光？

而当你心情灰暗时，想一想，如果此时你等的另一半因此错过了你的笑容，那是何等憾事？

年轻时，我们都相信这世上有独一无二的爱情，我们相信了，于是真的得到了。

而当我年老时，我们还相信这世上有独一无二的爱情，因为白发苍苍的你身边还坐着一个他。执子之手，与子偕老，这是何等珍贵的爱！

为了这份独一无二，你也要绽放你灿如春花的笑脸。因为，在有缘人眼里，一个微笑就是一粒种子，一粒种子播下后，总有一天会绽放出璀璨的花。

了凡因语的阴阳平衡理论告诉我们，阴阳相吸，当你可以将阴的气场向另一个阳性气场释放时，那证明你们两个人阴阳气场是相互共振的，是和谐的；而他能接纳你的阴性气场，更证明你们正在进行阴阳能量的互动。或许你们还未察觉，但你们身体已经在提前预警，他（她）是你一生要托付的人，你们两个人的自然场态是相互吸引的，此时，阴阳也是平衡的。

由吉凶祸福看场态的影响

改命之法：赢得祝福，解除诅咒！人要收集助力（阳气），消除阻力（阴气）。说对方不好是收脏，看对方都好是聚灵。看人不对就是把别人不好的东西收到体内，那就是病毒！看人好就是收集阳气，随时补充好的能量！任何人只要你把他看成佛，就可以得到佛的加持，反之你把他看成傻瓜，就只能得到傻瓜的结局！

——了凡

小时候，老人们经常爱说一句老话“人叫不走，鬼叫飞跑”，意思是，当一个人身上阳气不足，邪气太重时，周围就尽是小鬼打搅，小人来找，有时老人来规劝几句，他们也都是当做耳边风完全听不进去。

一个人，是被人叫还是被鬼喊，完全是由他自己的阴阳场态感召的。

我的一个朋友好久没有见到她的闺蜜，说好趁中秋赶去赏月欢聚，那日等她风风火火赶到时，闺蜜正好在机场和她错过了。进不了门的朋友就在楼下等，突然一个中年男人骑着自行车朝她撞了过来，刹车不及，连人带车一下就甩到旁边的花坛里。朋友吓得半死，而中年男人当场撞死。后来朋友每每说起此事就觉得晦气无语。她始终都不明白为什么那么多看似不可能的东西，偏偏就一定要在那个时间点爆发，而且居然还是坐飞死赶活赶的一分不差的撞上去，到底是什么东西在牵引？我记得当时我就说了三个字：赶杀场！

所谓，正气不足，邪气方能侵入。难怪古人言：福人眼里看不到不好的东西。人一旦看见鬼或者无端感到害怕时，就说明自己身上的正气不足，阳气太弱。必须得好好反省自己的起心动念，然后扫尘除垢。

生活中，用到"场"的例子有很多。我们在电影院里经常听到的一句话：电影开场了，散场了！走江湖的耍把戏的也会在开场白丢下这么一句话：有钱的捧个钱场，没钱的捧个人场。

成功其实也一样，就是看一个人是否有人气场，有了人气场才有人脉，人脉决定财脉！

所以，我们要广结善缘，不仅对有形的生命，还包括无形的众生，以及大自然的一山一水，一草一木，都要心存善心。要知道我们每天看见的东西都是由看不见的念头来决定的。

当我们心念积极时，事情也会往好的方向发展。而当我们心念消极时，事情会变得更糟糕。

人非圣贤，孰能无过。如果能够以正确的心念修正自身的错误，就是勇于担当的表现。

大家都应该听过宋朝大文豪苏东坡与佛印的故事，当你将对方看成佛时，那你也是佛。

苏轼和高僧佛印是好友，两人经常一起参禅、打坐。佛印为人十分老实，常常受苏轼欺负。苏轼有时占了便宜很高兴，回家就非常得意地把戏弄佛印的事情说与他的才女妹妹苏小妹听。

一天，苏轼和佛印又在一起打坐。苏轼问："你看看我像什么啊？"

佛印说："我看你像尊佛。"

苏轼听后大笑，对佛印说："你知道我看你坐在那儿像什么？就活像一摊牛粪。"

这次，佛印又吃了哑巴亏。苏轼回家很兴奋，便在苏小妹面前炫耀此事。

苏小妹冷笑一声对哥哥说："就你这个悟性还参禅呢，你知道参禅的人最讲究的是什么？是见心见性，你心中有眼中就有。佛印说看你像尊佛，那说明他心中有尊佛；你说佛印像牛粪，想想你心里有什么吧？！"苏东坡顿时哑然。

可见，即使是如苏东坡这样的大文豪，也难免在心念上不能守持如一，更何况是普通人？

但如果能保持心念的正确导向，即使是一个普通人也会得到极大的福报。

命运虽然看不见摸不着，却是由我们的行为思想决定的，在我们起心动念的同时就已经决定了未来将发生什么，决定了我们遇到什么样的人，走什么样的路，做什么工作，是成功还是失败。这就是我们身体的场态对事物吉凶祸福的决定性的影响。

福祸相依，生命贵在一张一弛

孟子说：生于忧患，死于安乐。世间万事万物都是阴阳转换，此消彼长，祸兮福之所倚，福兮祸之所伏，祸福相依。而对于诚心生活的人，上帝总有特别的奖励。

感召，无法抗拒的力量

找不到风水师，可找一个当下运气很好的朋友帮你看风水，虽然他不专业，但因他当下运旺气旺，受他自身磁场感召，很容易就会找到一个和他自身能量对等让他顺眼的好风水，如春天出门到处春意盎然很容易看到花开一样，概率极高。人阳气旺时看到的只能是春天和笑脸，反之气弱时撞到的只能是鬼！

——了凡

一个人的能量不仅可以影响他的住宅风水，而且还会影响他事业的风水格局。

当一个人能量旺盛，处于阳性气场时，感召的自然都是吉祥的物象；反之，当一个人能量虚弱，处于阴性气场时，感召的也都是不祥之物。所以，如果一个人身上的场态呈阳性，运气旺盛，那他看风水也会看得很准。

就如民间有种传言，没换牙的孩子说话都是很准的，若是一个孕妇站在他们面前，让他们猜怀的是男是女，一般猜测的结果都极为准确。这大概也是因为小孩心性单纯，还未曾受后天环境的浸染，天生阳气足的缘故，所以他们感召的多是正面能量。

我曾听说过这么一个小故事：

一个妇人怀孕一个多月，一天她的表姐带着小外甥来她家做客，表姐问小外甥："你猜猜看，小姨肚子里是个弟弟还是妹妹啊？"小外甥不假思索地说："一个弟弟，一个妹妹。"当时听到孩子的这句话，全家人都哄堂大笑，谁都没当真。可到了第14周她去检查时，B超检查结果显示她果然怀了双胞胎。后来一家人想到小外甥当时的话，都觉得极为震惊。

这种事例其实在很多人身边都发生过，但我们并不知这是何种原因，很多人以为没有科学依据。

其实，孩子的天性最接近自然，他们说话从来不骗人，他们身上的场态往往是阳多阴少，这种时候人的感召是有灵性的，是向上的能量，这时他们的话甚至比一个风水师还要管用。

俗话说："一个人的心有多大，舞台就有多大。"一个人如果整天纠结在日常琐事中，只能听到三姑六婆的闲言碎语，只能看到井底一片蓝天，是无法有大作为的。而一个具备大格局的人，必然心怀天下，心系苍生，有远大的理想与抱负，不为一己的私利而钻营苟活。

这样的人自然一身正气，能感召正面的能量，能感召善良和正直的人簇拥在他身边。

所以古有"得民心者得天下""得道多助，失道寡助"之说，这些都是放之四海皆准的真理。

不管是一个国家、一个城市，还是一个公司、一个家庭，若放弃小我，以大的格局来面对，这世上会少很多无谓的争端，无谓的争吵，无谓的钩心斗角。

一个人，看他的品性高低，可以看他居住在什么样的地方，住什么样的房。

有些人，居住别墅华屋，但你看他的装饰全是浮华的虚张声势，他的书架上摆满了四书五经、中外名著，但却没有一本书打开过。这样的人，你可以想象得出，他一定也会是金玉其外，败絮其中。

而有些人，他即使居住在十几平方米的小屋中，依然可以看到窗明几净，书香盈室，这样的人，大度儒雅，心若万仞的高山，身处陋室，依然游刃于天地之间。此种人，一看便是大格局大气度之人，虽然他此时暂居陋室，但只要他想得到，便能拥有任何华屋，只要他想成功，将在须臾之间。只是有时候他的境界已超脱于这些红尘欲望，对人世间的俗物并不在乎了。

五行生克的命相转换

爱，就是索债还债，骗也是一样，大家都是彼此的有缘人也是彼此的冤家。今生的最爱就是你前世的冤家！不是冤家不聚头！行藏虚实自家知，福祸因由更问谁？善恶到头终有报，只争来早与来迟，湛湛青天不可欺，未曾动念已先知，劝君莫做亏心事，古往今来放过谁？

——了凡

世间之缘有顺缘有逆缘，所以爱也有索债和还债之分。

世上没有无缘无故的爱恨，所有的一切都是我们自身感召而来，而五行生克也是如此。当我们气场弱时，很容易招引来穷追不舍的孽缘，这也是索债与还债的关系所致。但这并不是不可逆转的，只要我们通过后天的弥补，以及了解五行生克的原理，我们就有可能让命相得以转换。

看过《我的野蛮女友》这部电影的人都会对全智贤饰演的野蛮女友

印象深刻，无论她想出如何残酷的手段折腾她的男友，对方都心甘情愿承受，这就是缘分，还是逆缘。如果你身边也有这样一个女友让你既爱又恨，但你依然觉得痛并快乐着，那显然你们之间在前世或无数劫以前便结下了不解之缘，你不要试图摆脱，因为此生的折腾都是你感召而来。

生不代表爱，克也不意味着恨，爱和恨只是一种物理现象。相生和爱没有关系，只是本能的惯性反应，有其形无其实，真假难分。旺时相生，假也真，弱时相爱真亦假。

我们所遭遇的每一件事，就事情本身而言，没有所谓的好或坏，它只是来自于你自身的一种感受。

生克感悟：生活中往往越是让你舒服愉悦的地方，越是让你花钱耗财最多的地方。比如女人在心情不爽，无以发泄时，就会疯狂购物，疯狂消费，以期释放情绪的不满。所谓舒服，就是能安抚转换你当时受伤的感觉而已。也就是说大凡你想他人他物来生合，来满足你时，其实就是你最低潮最无助的时候。反之，当你自身旺盛相对平衡的时候，对外就不会有太多要求或者索取，有的只是付出和给予。

所以我们可以在此就相生相克下一个定义：相生，不一定就好。因为贪生缘于怕死，太弱才会求生，吃饱了不求食，只贪泄；相克，不一定就是坏事，因为能者多劳，没有能量根本就无从折腾，对手对你的打击大小取决于你的实力！

所以，当你觉得整个世界都背弃了你时，不要悲伤，请相信，上帝只是背过身去，酝酿一个更美的拥抱给你。不要觉得这只是安慰人的话，如果你建立一个想要逆转命相的心念，并为此发心为善，你就一定可以获得你想要的结果。请记住，如果一扇门关了，上帝一定会给你打开一扇窗！

挑战困境，提升心态张力

《孟子》有云："故天将降大任于是人也，必先苦其心志，劳其筋骨，饿其体肤，空乏其身，行拂乱其所为，所以动心忍性，曾益其所不能。"

——了凡

人总会有倒霉时，比如生意失败，恋人背弃，家人反目，被公司炒鱿鱼等。如果我们留意就会发现，当一个人走背运时，会印堂发黑，脸色晦暗，毫无神采。甚至接二连三发生不幸的事，所谓祸不单行，屋漏偏逢连夜雨，便是形容那些不断遭遇灾难的人。

此时，你应该警觉，在镜子前扪心自问一下：

有多久你一直愁眉苦脸？有多久你没有开怀大笑过？

有多久你从未对亲人朋友给过好脸色，说过一句好话？

有多久你从未帮助过身边的人？别人问你借钱，你总是找各种理由搪塞？

有多久你对向你伸手需要帮助的陌生人视而不见？

有多久你总是抱怨你的朋友你的上司你的伴侣你的父母？抱怨这个世道不公平？

有多久你没有陪你的亲人朋友去郊外散心，或外地旅游？

有多久你没有静下心来聆听你内心的声音？你是谁？你活着为了什么？

如果答案让你自己都感到震惊时，那表明，你已经迷失自我了。因此我们说一个人倒霉是有根源的，这根源不在别人身上，往往都是自己一手造成的。

用了凡因语的理论讲，当你倒霉时，你身上的阴性场态总是占主导，而阳性场态也是最弱之时，当阴远超于阳时，就会麻烦不断，祸不单行，此时遇见小人或撞见鬼都是常有的事。

没有人喜欢整天愁眉苦脸和整天抱怨的人，没有人喜欢没有一点爱心的人，没有人喜欢连自己是谁都不清楚的人。这种人迷失得越久，身边的麻烦事就会越多。一个连生活都不热爱，连自己身边的亲人都漠不关心的人，又谈何去爱其他人，去爱天下的众生？

这样的人，身上的阴气场往往大于阳气场，所以才毫无神采，印堂发黑，当负能量超过一定限度时，自然就会撞小鬼、遇小人，祸事不断。

佛家讲慈悲，讲爱，最关键的是从爱身边的人开始，去爱社会，爱国家，爱天下的所有人。这样的人才会不断累积福报，改变自己的命运。

如果应用了凡因语的思维方式，从现在开始改变你的心态和行为，给自己一个春天的缘起，以春暖花开的心情面对你身边的人，停止你的抱怨，多牵动你的笑肌，逢人便做微笑运动，真诚地对待你的亲人、朋友、同事，真诚地面对那些需要帮助的陌生人。相信不用多久，你身上的阳性场态就会多于阴性场态，最后达到趋吉避凶的效果。

只要你在跌倒的地方爬起来，学会承受，学会放下，上帝马上会给你一个拥抱。

了凡因语有一套很容易学习的改命方式——吐故纳新。有兴趣的人不妨学习一下。

人在倒霉时，往往是因为自己体内收集的浊气太多所致，太多负面的能量存储在体内，就好似被病毒侵袭的电脑，侵蚀久了，就会瘫痪，就会发生麻烦事。

所以，日常生活的点滴累积至关重要，了凡因语会教给你一种简单的方式：

每天，从睁眼开始就想美好的事，用心地洗去身心的尘垢。

每天，从出门前都要和家人亲切地告别，怀着轻松愉快的心情上班。

每天，走在路上，坐在车上，不管见到熟人还是陌生人，你都心怀感恩愉悦的心报以微笑。

每天在单位里见到同事，诚心地问候和发自内心地赞美对方，可以积攒阳气。

每天，无论遇到多么不好的事，你都告诫自己，这是老天对你的磨砺，越是非凡之人老天对他（她）的磨砺越多！关键是我们有积极承受和快乐面对的心态，那么再阴性的事物都会向阳性转化。

俗语说的“大难不死必有后福”，也是一种阴阳转换的例证。

对于诚心生活的人，上帝总有特别的奖励，就像感动世界的四肢残缺的尼克，就如那位接受方丈磨炼的独臂乞丐，在他们克服自身残缺的同时，也将阴性场态向阳性转换，从而获得意想不到的成功。

一个人若一出生便一帆风顺，没有遭受过一点挫折，这种人注定只能庸庸碌碌地度过一生。生活太平静无事，这说明他（她）前世的福报好，但同时他（她）也在消耗他的福报，一旦福报用尽时，也是厄运降临之时。

孟子也说：生于忧患，死于安乐。世间万事万物都是阴阳转换，此消彼长，祸兮福之所倚，福兮祸之所伏，祸福相依。我们只有常常反观自省、扫尘除垢，保持自己的最佳心态，才能时常保持我们向上的动力，以此为我们的人生注入更多的活力和惊喜。

生病，是一种自然预警

我们在生活中所经历的一切好坏都是我们内在心智模式的放大和蔓延。

因果法则总是平衡的，好比化学方程式，一边起什么反应，那么另一边就会有相应的生成物。每个行为都产生着相似的结果，每个行为所产生的结果又在不断地增长。如果你不采取行动，你不会得到相应的结果；一旦你采取了行动，其相应结果绝不会就这么随便消失的。

——宗喀巴大师

很多人不明白，为何有些人看起来很健康，却突然得了癌症，身上长了瘤子。

究其原因，是他们不知道，所谓“一念天堂，一念地狱”的真正含义。每个人的生命中都储存着强大的能量，这种能量是与生俱来的，但它不是一成不变的，它会随着人的心念发生改变。正如佛家所说的：一念为善是天堂，一念为恶为地狱。如果我们经常心存恶念，在体内积聚太多的负能量，时日一长，就很可能长出毒瘤，患上绝症，那么离地狱之门也为时不远了。

一般癌症患者身上，或多或少地潜伏着癌性格。

什么叫癌性格呢？所谓癌性格，是指容易导致罹患癌症的个人性格特征。据有关统计资料显示，癌症患者一般有某些特定的性格特征，而具有这些性格特征的人比其他人更容易得癌症，因此称为“癌性格”。

这听起来或许有些危言耸听，但是医学证明这是确实存在的。

据悉，生活中那些性格孤僻，和别人比较疏远，经常招惹是非的人，比普通人更容易罹患消化系统和淋巴系统癌症；性格忧郁、感情不外露的人患癌症的几率比性格开朗的人要高出 15 倍。因为精神抑郁等消极因素长期作用于中枢神经，造成自主神经功能和内分泌功能的失调，使机体的免疫功能受到抑制，癌细胞突破免疫系统的防御，因而形成癌症。

用了凡因语生命哲学系统来解释，一个人性格孤僻，内心的负面情绪得不到抒发，心里的压力得不到缓解，那这个人的场态便会长期处于阴性，阴性场态若长期作用于身体某器官，就会导致身体阴阳失衡，此时身体机能就很容易发生紊乱，积郁成疾，癌细胞便有了生存的空间。

那么，一个人的癌性格是如何形成的？它是由我们的一思一念及行为方式决定的，当我们长期陷入抑郁的心情，心里常怀恶念，累积了大量的负（阴性）能量，那我们的身体自然缺少阳性。长此以往，不生病才是怪事。所以，不要以为我们的每个念头无关紧要，其实，它是影响我们命运的关键因素。

了解了性格与癌症之间联系，我们就可以预防并避免这种性格给我们带来的危害。下面是几道测试题，有兴趣的人不妨测试一下自己是否已列入“癌性格”一族：

1. 当你感到生气愤怒时，你会将你的感受完整准确地表达出来吗？

2. 你是否在任何时候都能做到毫无怨言地把事情做好？

3. 你给自己的评价：我是一个可爱的、值得信赖的好人吗？

4. 你会经常感到孤独、被别人排斥和孤立吗？你认为自己在很多时候都没有价值吗？

5. 你非常满意你的工作和社交关系，并且对想做的事一定会全心全意吗？

6. 如果从现在开始你只有半年的生命，你会不会把正在做的事情继续下去？

7. 如果有人说你的病已到晚期，你是否有某种解脱感？

正确答案：1. 会。2. 不是。3. 是。4. 不是。5. 是。6. 会。7. 不会。

结果分析：如果你的答案与正确答案有 2 个以上不相符，就说明你具有潜在的“癌性格”特征。但你也不用太紧张，性格只是导致癌症的一个因素，如果按照了凡因语的生命哲学思维方式，常常心怀善念，经常扫除你内心的尘垢，性格上的缺陷是可以纠正的，以宽宏大度、积极乐观、善良的心态去生活，所有不良的性格都会转为阳性。

由此我们可以看出，在不经意间我们的身体已经发出了警告，只是很多时候我们不自察。因此我们建议，如果你感到哪里不舒服了，不妨在夜深人静时扪心自问，你是不是有了不良情绪，这段时间你是否心怀善念？

有人也许要说，有些得绝症的人，平时很善良，有些人还一直信佛，十分虔诚。那为何会生病呢？这就牵涉到前世的业报问题，可能有些人前世种的恶果太多，到这世行善积德只为消业，生病也是消业的一种方式。在这里，我们一定要记住宗喀巴大师的话：因果法则总是平衡的，好比化学方程式，一边起什么反应，那么另一边就会有相应的生成物。每个行为都会产生相似的结果。我们种什么样的种子就一定会结什么样的果，所谓苦海茫茫，度者度得不是别人，是自己啊！

生病，是对生命的一种关照

生病是对生命的反省，对身体的关照。当你躺在病床上，是为了让你感觉上帝的存在，让你停下来对生命系统进行维修和保养。生病其实是一种需要，平时从来不生病的人一旦进医院就是大病，有的甚至就回不来了，所以小病小灾等烦恼都是必须的，它是对生命的一种关照。

——了凡

生活中我们常常会看到这样的情景：孩子生病了，一大家子人心急火燎，端饭喂水，关怀备至；大人也一样，身体不舒服了，就赶快补充营养调整作息；还有的人怕自己身体出了问题，做一个全面检查以打消自己的疑虑。这些举动都说明了一个问题：生病，让我们对自身的健康有了审视。换而言之，大部分时间内我们对自己的身体是缺乏关爱的。

比如一些人常在节日玩乐过度，导致体力透支，免疫力下降，容易出现感冒、胃病及心血管疾病，这代表我们平时锻炼太少，体质太弱，一旦超常地运作就会发病。此外，因为我们平日进食过饱、食物过于肥腻，易出现糖尿病、高血压、高血糖等病，加上亲人团聚，引发情绪大喜大悲，也容易出现病情波动。

还有，当我们呈现负面情绪时，我们的身体也会相应地得到感应，因为人体气血脉络相通，循环往复，当身体阴阳不平衡时，也会体现在健康状况上。而当我们呈现过度亢奋的情绪时，由于阳性气场太足，也会常常会导致阴阳失衡，产生突发病症。

另外，夫妻感情的和谐与否，与女性的妇科病有极大关联。因为许多妇科病往往和夫妻间的性生活有关，若感情不投契，不能水乳交融，就会或多或少地出现妇科病。众所周知，当婚姻不和谐时，也会直接影响人的情绪。一个婚姻不幸的女人若长期处于心情抑郁的状态，特别是生理周期时心情不畅，也会导致身上的各种排毒系统出现紊乱。

所以，当我们的身体有病时，一定先要自省一下：你对自己真的很关心吗？你是否需要调整一下自身生活习惯？你的婚姻关系是否亮红灯了？还是你的心理出现解不开的症结了？或是你的工作环境需要改善一下？

了凡先生说：没有生过什么大病，是因为此人根本没有能量排病毒。伤害的大小来自于你正气的多少——有所不遂反求诸己。道高一尺魔高一丈，魔来找你，还要看你是否有此资格。对手皆由能量感召！

某种意义上说，生病也是一种负面能量的累积，当负面能量累积到一定时，身体就会出现症状。

现实生活中，一个从不生大病的人一旦生了大病就很难痊愈，原因是他（她）的身体没有形成正常的疾病防御体系，若疾病突然来袭，往往让人措手不及，一旦抢救不及时就可能出现生命危险。所以，偶尔生一场病不是坏事，而是检验你身体机能的最好时机，也是对我们身心的一种关照。

佛家讲，上天给我们的所有痛苦都是在消除我们身上的业力，而当我们从来不生病时，却是在消除身上的福报。因此，当我们身体还健康时，一定要懂得关心自己，爱惜自己，这叫惜福。

欲壑难填，生命不能承受之重

小时候过新年，我们曾为能穿上一双新棉布鞋、一件新棉衣而快乐不已；而现在，我们穿金戴银了，却再也找不到儿时的快乐年味了。为什么我们长大了，却越来越不快乐？为什么我们的物质生活越来越好，内心却越来越空？

欲，是自己欠下自己的食粮

真正贫穷的不是那些所拥甚微的人，而是那些渴望更多的人。

——塞内加

从某种意义上讲，人是欲望的产物。人要生存首先得满足本我，在需要得到满足的同时就产生了欲望。人的欲望是不断升级的，满足了初级的，还有高级的，每个人处在需求层次的位置不一样，心理的满足感也不一样，个人追求不一样，就造成欲望表现出来的种类和程度不一样。

所以才会有“欲壑难填”之说。人的欲望一旦得不到满足，就很容易生出无尽的烦恼。

小时候过新年，我们曾为能穿上一双新棉布鞋、一件新棉衣而快乐不已；而现在，我们穿金戴银了，却再也找不到儿时的快乐年味了。小时候过新年，我们曾为收到两毛钱的红包而笑逐颜开；而现在，我们动辄收到几百上千的红包，却得不到真心的快乐。小时候过新年，我们拿着几毛钱的鞭炮在门口放，掩着耳朵听着炮声，心里却绽放成了花朵；而现在，我们看着成千上万的烟花在空中绽放，我们的内心却比烟花还要寂寞。

为什么我们长大了，却越来越不快乐？为什么我们的物质生活越来越好，内心却越来越空？原因其实很简单，因为小时候我们的心还未经受太多尘世的沾染，我们还没有那么自私自利，我们开心就笑，伤心就哭，那是我们真实的自己。可现在我们长大了，要生活，要挣钱养家，我们开始对金钱有了更为迫切的渴望，我们对高物质的生活有了更为强烈的向往。就这样，膨胀的欲望将我们纯真的心腐蚀得千疮百孔，我们的心成了一张血盆大口，我们拿出再多的东西也填不满，我们感到饥饿，无比的饥饿。

所以我们觉得这个世界开始变了，变得物欲横陈而杂乱无绪。人人为财，心哪得片刻清净？心已蒙尘，谈何身康体健。

回顾文字可载的几千年历史，人类经历过战争、贫穷、瘟疫及无数的自然灾害，但却没有像现在这样，在大多数国家经济飞速发展，物质高度丰盛，科技超前发达的情况下，人类的内心却无比的恐慌与忐忑。

欲望横陈，物欲横流，物是人非。——这就是我们这个时代的真实写照。

现在人人都在讲幸福指数，为何经济的高低并不和幸福指数成正比？

城市里的高楼大厦日新月异，可我们的内心却没有因此而更强大，反而像构筑在沙丘上的楼阁，日渐脆弱，风雨飘摇。我们的房价和经济发展一样，与日俱增，而住在豪华别墅里的人和住在十平米小陋室的人相比，他们所能感受的幸福却正好相反。越是富有，越对幸福麻木不仁，他们在人前光鲜亮丽，但在人后，再豪华的服饰都无法掩盖内心贫乏的虚空。

在城市里，许多小区里的人们日日相见却不相识，甚至两个邻居间老死都不曾打过一次招呼。并不是他们缺乏敬老爱幼的常识，缺乏邻里相处的常识，而是他们的内心缺乏安全感，害怕私生活被人打扰，害怕自己的身上的缺点被人发现，害怕自己的财富被人知晓。他们的身上或多或少地掩藏着无法向人言明的隐私或苦衷。

而在物质相对匮乏的山区，却依然能保持相对淳朴的民风，这便是本真的自我，即使在未曾觉知的自然状态下，它依然能感受到愉悦，这便是发自内心的幸福。所以说，物质匮乏的地方并不代表没有幸福与快乐。他们日出而作，日落而息，过着自然淳朴的生活。而这种生活，是人与自然和谐共处时才能达到的圆融状态。

当一个人的欲望无限大时，再多的物质都无法填满，而当他满足于简单的快乐时，才能感受到更多的幸福。其实说到底，欲，就是自己欠下自己的粮食，我们会感到饥饿、空虚，是因为我们的“欲壑难填”。

追名逐利，伤人更伤己

欲望从何而来？来自我们对物质名利所怀抱的虚荣享受，来自我们可怜的自尊，来自我们自大的面子，来自我们对物质的无限渴望。按照弗洛伊德的精神分析学说，他把个体心灵划分为本我、自我、超我三个领域。本我只根据快乐原则追求直接性欲的满足，自我以现实原则为指导，并必须按本我的意志行事，超我即道德化的自我，根据至善原则指导自我，限制本我，以达到自我理想的实现。

——了凡

为何我们在拥有更多物质时却感觉什么都变了味？再也找不到昔日的原滋原味？

人类最重要的衣、食、住、行，也是组成物质生活的四要素，这四要素如果变了味，生活还有何意义呢？现在的食物品种多，营养也丰富，可我们吃在口中，却发现味道变了？个中的原因有很多，除了我们的味觉不能再满足简单的食物要求外，还有生产制造食物的环节出现了纰漏。

在大多数人都在考虑利益最大化时，应运而生的奸商也包括许多食物制造商、食品商贩，他们大多已经被物质的欲望所蒙蔽，为了蝇头小利昧着良心制造着有“害”食品。比如，三聚氢氨奶粉、甲醛鱿鱼、人造鸡蛋、地沟油等。

食品界的黑色产业链已经直接影响了我们的幸福生活。在我们吃着这些并非来自自然的食品，我们的内心也在受着非自然的毒害。可想而知，没有善意和诚心生产出的食品，大众能从中得到多少快乐与健康呢？

曾几何时，天然食品已成了一种奢望。你会发现，有时吃上一块贫穷时吃过的红薯也会感到无比的快乐；有时啃一根孩提时啃过的玉米棒子也会感到欣喜。于是，你会发现一个特别滑稽的现象，在高档的宴会餐上，那些大麦馒头、紫薯根竟然成了时尚食品，成了大家争抢的对象。

而我们是否想过，这一切滑稽的现象是谁一手造成的？

除了那些奸商，还有我们被各种欲望宠坏的味觉。如果不是我们这些消费者一味地渴望食物更鲜更美，就不会出现面粉增白剂、西瓜膨大增甜剂，就不会出现苏丹红食品和被香精熏染出的香米……

更令人恐惧的是，我们无法预知某一天碗里的食品是否会出现一个定时炸弹？

我们恐慌，我们忐忑，我们终日的食不知味是有原因的。

连最基本的食品都出现了如此大的纰漏，那我们生存的环境还有何安全可言？

可悲的是，我们的价值观已经被欲望颠覆了，而这个社会衡量一个人成功的尺度是他如何精明，他赚了多少钱，却从来不问他的钱是如何昧着良心赚来的。这种衡量财富的标准与旧社会“笑贫不笑娼”的理论是如此不谋而合，这难道不是人类的悲哀么？

释尊言：我们即是本身所想的模样，一切行为来自内在的想法，这些想法使我们造成今日所处的世界！

外面的物质世界，都是我们内心的投射。世界美好，处处和平时，我们的内心也是安详平和的；而世界灾难不断，处处动乱，我们的内心也会烦躁不安，无法安宁。

这个世界是怎样的纷乱，我们的内心就是怎样的纷乱如麻。这是欲望膨胀的必然结果。导致欲望无限度上涨的除了利，还有名。人们毫不掩饰自己对功名利禄的无限热衷，绞尽脑汁，想尽办法地去追名逐利。

当社会上都在流行“小月月”“凤姐”和“芙蓉姐姐”时，人们为了出名而不惜付出一切代价的举动也从侧面表现出这个社会人心的浮躁。

而我们的媒体为了夺人眼球，为了新闻的曝光率和销售等目的，却在故意推波助澜，让她们不时见诸于媒体报端，成为公众眼中的焦点人物。

可是，即使出名了又能如何呢？大众的不耻，自身承受着诸多压力，她们生活得并不轻松，她们成了可笑的代名词，而且在历史的滚滚浪涛中很快就被淹没，连一点痕迹也不会留下。难道这就是她们想要的结果吗？

世界好像在进步，世界却又在飞速地倒退。我们对自身开始有越来越多的疑惑和迷惘，我们甚至不知道生存之于我们还有什么价值。但是我们在发问的同时却忘了检讨自己：人类的贪婪，几时才能休止？那些作恶的人几时才能意识到，他们是在害人害己？

沉迷于追名逐利的人们，醒醒吧！名利如浮云，财富如草芥，只有我们看淡这一切，才能战胜欲望，同时找到属于自己的人生意义和生存价值。

欲望，是幸福婚姻的坟墓

俗话说：“欲望不多的人，就没有失望；欲望越大的人，痛苦越多。”又说：“知足的人，虽卧地上，犹如天堂；不知足的人，虽处天堂，亦如地狱。”我们可以从佛陀的弟子大迦叶冢间修行，从孔子的门人颜回居陋巷，得到证明。从这些道理来看，苦就是由于多欲而来，多欲就是苦的根源。

——星云法师

人生在世，有太多的东西放不下，于是徒生了许多烦恼。

如果我们能像佛陀指示的那样学会放下，便是为自己找到了一条幸福之路。因为“放下、再放下”，才是追求幸福的妙方。

很多时候，我们婚姻中的许多不幸都是我们一手造成的，因为我们给婚姻注入了太多欲望，欲望多了，痛苦自然也就多了。

当你没结婚时，你便想嫁一个经济宽裕，有房有车，还爱你疼你的人，于是你选择了一个条件好的，放弃了与你青梅竹马，同甘共苦的恋人，你以为你可以从此得到幸福，可是当你想要的越多，而现实无法满足你时，你才发现幸福从来都不曾属于过你。当欲望不堪重负时，婚姻便成了爱情的坟墓。

当你没有小孩时，你想生个儿子，当有了儿子后，你想他长得聪明伶俐，出类拔萃。

老公来自农村你嫌他处处透着农村人的小家子气；老公出身城里你又嫌他太有优越感。

老公从小没有父母你嫌他没有良好的家教；老公双亲都在你又嫌他负担过重，婆媳关系难处。

老公没有升职时，你想他升职；升职后工作繁忙，你想他多陪你；天天陪你，你又嫌他没有本事。

总之，只要你的欲望不断衍生，鸡蛋里你也能挑出骨头来，再好的事你也感觉不出它的好来。此时，你的心已经完全被世俗物欲所蒙蔽，又怎能感受到生活本质的快乐和幸福呢？

这就是为什么在经济越来越发达，我们手上的物质越来越丰富的当今社会，我们对幸福却越来越麻木的根源所在。

其实幸福与否，取决于我们对幸福要求的尺度，如果这个尺度总是在无限度的拉长，你是永远感觉不到幸福的。比如街上的乞丐，他肚子饿时，你若给他十块钱或一个馒头，他会更情愿接受馒头，因为他首要的目标是填饱肚子。同理，当我们在温饱还未解决时，一日三餐就能满足我们对幸福的要求。而当我们身穿华衣，住在豪华别墅里时，我们对幸福的要求尺度不知高了多少倍。此时，你会想：我的公司要是能上市该多好，我的股票要是再升几倍该多好，我可以去美国买几套别墅养老，我可以去欧洲买城堡，我可以提着几千万去拉斯维加斯豪赌一番……

慢慢地你会发现，原来人的欲望总是无止境的，有了好的，我们会想要更好的，却始终不懂珍惜和放下的意义。假若你再次沦为身无分文的乞丐时，你还会想着去拉斯维加斯豪赌一番吗？不会，你此时只会想着怎么填饱你的肚子，此时生存才是首要的条件。而当你从乞丐变成富翁，又从富翁沦为乞丐时，你会发现人生原来转了一个欲望的圈，最后又回到了原点。而我们辛辛苦苦，蝇营狗苟，追求了一辈子的东西，不过是受着欲望的驱使，不断地前行产生的一种虚妄而已，我们真正感受到的幸福却是微乎其微。

到了最后，我们的爱已经变得不再纯粹，我们的婚姻成了剥夺彼此幸福的牢笼，曾经最爱的人，变成了最恨的人。这难道就是我们最初想要的结果吗？当然不是，每一个想要步入婚姻殿堂的人都希望自己的家庭美满，夫妻和睦，父慈子孝，没有谁明知道不幸福还要往火坑里跳。然而，我们被欲望蒙蔽了心智，最终跌入了痛苦的深渊，葬送了属于自己的幸福。

学会分享，收获快乐

生命中，当独自占有一种幸福与财富时无疑是快乐的，它会让我们生出高高在上的优越感，但却也是虚空的。当我们的幸福与财富无人分享时，人生便会显得了无生趣。分享能让我们在别人的快乐中感受到生命的价值；分享能让我们心灵充实，能让我们体味到前所未有的幸福。

——了凡

很多时候，学会与人分享幸福是一件快乐的事。

比如，一顿丰富的美餐，当你一个人享用时，你虽然品味到了美食，但你无法传达出你满心的喜悦和享受美食的乐趣。

此时的你，即使快乐，也是孤独的。

但当你学会了分享，你的生活就会发生天翻地覆的变化。比如，当你与人分享美食时，你看到对方品尝美味的快乐，你也会感到快乐，你向对方传达你此时的愉悦心情，对方也会流露出会心的微笑。

又比如，一道美丽的风景，当你一个人欣赏时，你即使发自内心的赞叹，那也只是你一个人的感受。你会好奇在别人眼中这风景是不是一样的动人心魄。此时，你虽然独占了那份美丽，但你却成了孤独的欣赏者。而当两人共赏风景时，则会碰撞出异样的火花，因为多了一双欣赏美的眼睛，他或许还能发现你没有发现的美，此时的分享不是失去了独占的遗憾，而是获得了更多的享受，会更多地体味到生活本质的快乐。

很多年前，禅师在院子里种了一棵菊花，第三年的秋天，院子成了菊花园，香味一直传到了山下的村子里。凡是来寺院的人都忍不住赞叹："好美的花儿呀！"一天，山下村里的乡民开口，向禅师要几棵花种在自家院子里，禅师答应了。他亲自挑选开得最鲜艳、枝叶最粗的几棵，挖出根须送到了乡民家里。消息很快传开了，前来要花的人接连不断。在禅师眼里，这些人一个比一个知心，一个比一个亲近，都要给。不多日，院里的菊花就被送得一干二净。

没有了菊花，院子里顿时黯然失色。

弟子看到满院的凄凉，说道：“真可惜！这里本应该是满院花香的，现在一棵菜花也没有了。”

禅师笑着对弟子说：“你想想，这样岂不是更好，三年后一村菊香！”

“一村菊香！”弟子不由心头一热。眼前浮现出一村菊花盛开的美好景象。

禅师说：“我们应该把美好的事与别人一起分享，让每个人都感受到这种幸福，即使自己一无所有了，心里也是幸福的！这时候我们才真正拥有了幸福。”

生活也是如此。当你在惋惜自己美好的东西因为被分享而失去时，你要明白你终将因分享而得到更美好的东西。一个人不能总想着自己，应该把自己美好的东西拿出来与别人一起分享，那样你才能体会到与人分享比自己占有更幸福！反之，即使你得到整个世界，没有人站在你身边，和你分享这份快乐，幸福也就失去了意义。

人生于世间，不一定活在别人的目光里，但要活得像个人样，不能自私自利孤立于世间。

很多人会问，我有什么能和别人分享的呢？当然有，我们先来听一个《无财七施》的故事：

一个人跑到释迦牟尼面前哭诉：

“我无论做什么事都不能成功，这是为什么？”

“这是因为你没有学会给予别人。”

“可我是一个一无所有的穷光蛋呀！”

“并不是这样的。一个人即使没有钱，也可以给予别人七样东西。

第一，和颜施，就是用微笑与别人相处；

第二，言施，就是要对别人多说鼓励的话、安慰的话、称赞的话、谦让的话、温柔的话；

第三，心施，就是要敞开心扉，对别人诚恳；

第四，眼施，就是以善意的眼光去看别人；

第五，身施，就是以行动去帮助别人；

第六，座施，就是乘船坐车时，将自己的座位让给老弱妇孺；

第七，房施，就是将自己有空下来的房子提供出来，供别人来休息。如果你有了这七种习惯，好运会随之而来的。”

分享就是这么简单，即使我们身无分文，也可以通过和颜施、言施、心施、眼施、身施、座施、房施等来和人分享。其实，我们每个人都有很多值得分享的财富。比如一个老师，他可以和孩子们分享知识，他可以利用业余时间去为孤儿院讲课；他还可以利用寒暑假去边远山区支援教育，这是知识的分享，快乐的分享。即使你是一个学生，你也可以利用业余的时间去做义工，通过劳动让别人分享你的那份爱心。

当我们与人分享我们的快乐与幸福时，我们的身体也在传递一种积极向上的能量。久而久之，我们身上的场态也会发生变化，正面的能量也会相应地增加。

因此，我们要学会与人分享。分享是一种美德，是抛弃掉自私自利的小我后的道德升华。分享能让我们慢慢放下虚华的物欲，渐渐返璞归真；分享能让我们更接近自然，达到天人合一的境界。因为分享，可以收获更多的快乐。

做自己的贵人，你是一切根源所在

人活一世，如不如意，幸不幸福都是由自己来决定的。你想好便是好，但这个好必须是符合道德伦理的，如果不是，只会结出苦涩的果子。

心态向阳，法喜满怀

一个人首先学会善待自己，别人才会真正善待你。尤其是女人更要“好好善待自己”。很多女人不是不够好，而是一味对别人太好，老想着取悦别人，却不知道你越取悦别人，就越不得圆满。只有当你自己内心完全先充满了喜悦，别人才会见你而欢喜。菩萨度人，首先度的也是她自己。真正的“度”是先把自己完善成一道风景，然后让所有看到自己的人因这道风景而赏心悦目，法喜满怀！

——了凡

时时刻刻提醒自己，当下所有起心动念的行为，都将直接影响我们的未来。当我们心情愉悦，我们的起心动念是阳性场态时，会招来贵人或好事；而当我们心情恶劣，起心动念不符合自然规律时，我们身上的场态会呈现阴性，便容易招来小人或不好的事。

比如，一位男士要出去办事，出门正好碰见一个邻居小孩哭闹着要出去玩，而小孩的父亲却黑着脸训斥他：“外面黑灯瞎火的，有什么好玩的？”男士最初看到这个不好的象，即阴性的场态，心里便禁不住一冷，预想到自己马上要出门办的事可能要中途夭折，心情不禁有些郁闷。

这里的物象便是自然场态对他的警示，提醒他要随时觉知，随时内省。

那如何让此事由阴转阳，由坏变好呢？若是利用了凡因语的生命哲学体系，事情就可以有所转变。

当时那位男士转念想了想，马上笑着上前向小孩的父亲打招呼，并主动对小孩说：“来，叔叔抱你去玩！”于是他抱着小孩去热闹的娱乐场玩耍，小孩玩得十分开心。别看这只是偶然的举动，其实他已经主动将阴性场态的物象向阳性转变。事情果然如此，虽然当晚他的事情未能办成，但结果是柳暗花明又一村，因为不久后，那件事情得到了顺利解决。

了凡因语要告诉我们的就是追溯本源，从我们当下所看到的物象好坏，推断事物的吉凶，同时反观内省，扫尘除垢，为明天我们要看到的世界播下善种，重塑生命！那位男士也正是因为了解这一点，才将不如意及时化解。所以，当我们在遇到负面的事时，积极的心态是应对挫折的最好武器。

塞翁失马，焉知非福。世事难料，福祸常常在瞬息间相互转化，当面对灾祸时选择以正确的心态将阴性的场态转化成阳性场态，这样便种下了一份善的因，得到的当然会是丰硕的果实。

一位哲人说过：“你的心态就是你真正的主人，要么你去驾驭生命，要么是生命驾驭你。你的心态决定谁是坐骑，谁是骑师。”佛说，物随心转，境由心造，烦恼皆由心生。心态的不同必然导致我们行为与决定的改变，也因此我们的人生会有截然不同的境遇。

有时，当我们心怀阳光的想法，便会遇到春暖花开的好事；当我们心情灰暗时，便自然会遇到难堪的烦心事。

了凡因语虽然只是告诉我们一种达观处世的行为方式，但这种处世方式却将直接影响我们未来的命运。

以前读过一首现代诗人卞之琳的名诗《断章》：

你站在桥上看风景，看风景的人在楼上看你。
明月装饰了你的窗子，你装饰了别人的梦。

此诗相当简略，却又意境悠远，它正是在告诉我们，当你在欣赏美时，你很可能也成为别人眼中的另一种美。而当我们时时处处将自己幻化成一道风景，那便给这个世界又增添了又一份善缘。所以，时时让自己心生愉悦，时时让自己的起心动念阳光明媚，将自己时时修饰成一道风景，那么，我们时时都在播种善因，时时都在收获善果。

释万行上师曾讲：每一个众生都是宇宙的灵魂，都是在替宇宙讲话，替宇宙行道，符合人道思想便符合天道思想，更符合宇宙的规律。何谓学佛？爱人如爱己，才是学佛的行为，没有大悲心想学佛、想成佛那是不可能的。一个信教的人，首先必须爱国、爱家、爱你周围的人，没有行动的慈悲，不是真正的慈悲。欲修天道，先修人道，人道修完美了，天道自然成。

一个人能用善心去接纳众生，便是佛家说的慈悲为怀。

当我们对世间万物都生出一份慈悲心时，我们做任何事都是在播种善因。

当我们行仁道时，便会遇到开心快乐，美满成功的事。当我们在处处结善缘时，我们身上的能量场是开放的，是明亮的，是芬芳的，我们的灵魂也是上扬的，轻盈的。此时，我们的内心与身体是合二为一的，我们会感到发自内心的愉悦，这种快乐佛家称它为法喜，它不是由外物引发的。而是当我们在发现内在的真我时，由内而外散发的喜悦。

法喜是天下最大的喜，是人心灵最大的享受。

法喜不受外物五欲六尘的刺激，法喜是从本心、先天生出来的喜悦。是清净的、真诚的、是无限量的，当我们时常面对内心，反观内省，扫尘除垢，我们会发现我们每个人的内心都住着一个无尘无垢的小孩，它单纯、透明、澄清，它不喜欢钩心斗角，它讨厌追名逐利。

佛家讲，无论是修佛还是论道，修行到一定阶段都会有相应的法喜。比如爱好音乐的人、喜欢美的人、舞文弄墨的文人，甚至是乡野种田的普通人都会有法喜。只要是从本心生出来的、是清净的、真诚的都是法喜。人生若是到了“心态向阳，法喜满怀”的境界，这世间日日都将是好时节。

转移心境，找到属于你的快乐

一切法从心想生，当我们修正“心想”，心怀正念，积德行善时，将会事业成功，社会安定，宇宙和谐，天下太平。如果我们不把自己的身修好，不把自己的心修正，天灾人祸是绝对不能避免的。同时，我们还在消耗我们身上的福报，身上的场态长期处于负能量，我们便会招惹是非与小人，事业也很难成功。

——净空法师

境随心转，我们一思一念决定着我们的成功与失败，决定着我今生会遇见什么人、做什么事、吃什么饭、挣多少钱、住什么样的房子，走什么样的路，这一切都是由我们自己决定的。

所以，当我们抱怨命运不公时，命运会更加不公；当我抱怨生活艰难时，生活会更加艰难。

愤怒、悲伤、抱怨不能解决任何问题，只能让事情加速恶化，往更坏的方向发展。

而当我们达观承受，勇敢面对时，事情往往会向好的方向发展。

了凡因语：心志要苦，意趣要乐，气度要弘，言动要谨！人生太闲则别念窃生；人生太忙，则耽风花雪夜之情！不闲不慢，疏密有情，方为快哉！

一个人，能吃得苦中苦，方能成人上人；当然生活也不能了无生趣，所以兴趣爱好要积极快乐；做人的气度要恢弘，不拘于小节，但言行举止却要慎重。若一个人终日游手好闲，则很容易沉溺其间，难免暗生邪念，而整日忙碌不堪，又失去了人生的意义，耽误了吟风弄月的乐趣。只有当身心和谐，不闲不慢时，生活有张有弛，才是人生最快哉的事。

一个人一生要成为怎样的人，成就多大的事业，这主要决定于我们的心有多宽广，气度有多大。

一个心怀天下、气度恢弘的人是不可能只成就小事业的，他必定成为人上之人。而一个做事谨小慎微，瞻前顾后的人，也决定了他成就不了大业，只能守着方寸基业过活而已。

孟子曰：“爱人不亲，反其仁；治人不治，反其智；礼人不答，反其敬——行有不得者皆反求诸己，其身正而天下归之。诗云：‘永言配命，自求多福。’”

意思是说："爱别人却得不到别人的亲近，那就应反问自己的仁爱是否不够；管理别人却不能够管理好，那就应反问自己的管理才智是否有问题；礼貌待人却得不到别人相应的礼貌，那就应反问自己的礼貌是否到家——凡是行为得不到预期的效果，都应该反过来检查自己，自身行为端正了，天下的人自然就会归服。《诗经》说：'长久地与天命相配合，自己寻求更多的幸福。'"

生活中，我们经常会遇到这样的事情：别人轻视我们时，我们常常抱怨，伤心；失败时，我们会失落难过。但我们却很少检讨自身，是因为什么我们被人轻视，是因为什么我们会屡屡失败？

其实，这都是自己造成的，也许是我们太在乎自己的感受，而忽略了世间的自然规律。

当我们希望别人对我们好时，是否想过，我们平时是如何对待对方的？

当我们希望事业成功时，是否想过，成功原本就不是一蹴而就的，我们付出了多少汗水与努力？

当我们要求老板给我更多薪酬，否则就要跳槽时，是否想过，我们为公司付出了多少，给老板创造了多少效益？我们拿着这样的薪酬真的问心无愧么？

当我们爱一个人爱到疲惫不堪时，是否想过，你爱的方式有没有问题？当你觉得喘不过气来时，你给了对方多少自由，你相信过对方么？你的爱是自私的占有，还是无私的给予？

了凡四语理论告诉我们，无论发生任何事，都不要怨天尤人，先从自身找原因，将那些失败的惨痛教训写在纸上，天天告诫自己：如果我们不彻底从心底改变，我们还会失败，还会跌倒，还会被人唾弃。因为你不能奢望这个世界会因为要迎合我们而有任何改变。

如果我们足够善良，足够完美，还有人对我们冷嘲热讽，还有人紧抓着我们卑微的过去取笑我们，我们可以不必在意，只须丢掉那些坏脸色，坏的评价，淡然地面对一切是非功过，我们会过得很快乐。

了凡因语：生活中如果人拿个石头向狗丢过去，这只狗就会莫名其妙地开始追逐那块石头，追了老半天，原来是一块不能吃又没有用的石头，除了跑得气喘吁吁以外，没有任何好处，只是白费力气而已。狗为什么要去追一块没有用的石头呢？同样的道理，人为什么要去追一个别人丢过来的坏脸色，别人丢过来的一句坏话呢？

如果我们太在乎别人的话，太在乎别人的脸色，太在乎别人对我们的评价，总是被他人的情绪左右，反而会很容易失去自我。

这个世界总是有不同的声音，总是有不同的意见，才会有更多精彩的碰撞与火花。

我们只须求同存异，只须保持清醒的自我，明辨是非、美丑、善恶就可以了。

是金子，总会经过岁月的磨砺变得光彩夺目；是千里马，也总会被伯乐发现你的价值。如果我们想通这些，时时反观内省，汲取心灵的营养，就一定能找到属于我们的快乐。

你就是自己命中的贵人

平常运势好，经常想什么就得什么的人，属于有实力有福报之人，很多事情由自身能量感召而心想事成。对外没有太多需求，来去相对自如，上不求人，下不欺生，于人于己都比较心平气和。

——了凡

一个人，平时多积阴德，多做善事，将自己打造成一道风景，自然会引来贵人。

一个平时作恶多端，或者心存不善的人，总是在言行举止中积累太多的阴气。而身上的阴气太多就会形成强大的气场，而招来小人或不吉的事。而日常生活中，那些平时运势好，出门总有贵人相助的人本身就很有实力和福报，有些是前世修的福，有些则是后世培植的福缘。

人只要阳气充足，就可心想事成，自得其乐！反之，就会出现阳不居阳，鸠占鹊巢，就好比阳气这个喜鹊没有在窝里占住位置，邪气这个鸠鸟就会乘机跑进来一样。说到底，人的吉凶好坏都是由自己决定的！

在人之上，要把人当人；在人之下，要把自己当人。风水轮着转，花开时要学会呵护脚下的小草，宜向冷庙烧香，这样冬来花落时会有人为你点一盏心灯，让自己不至穷途末路！

苏总是一位事业成功的企业家，某天他来找了凡先生算卦，因为他的投资项目遇到了瓶颈。

在算卦过程中，苏总的司机小王上前为他倒水，他却视而不见，只是期待着了凡先生给他一个救命的良方。了凡先生由此断定，有个贵人想出手帮他，可他却因嫌弃人家而不屑一顾，所以是他自己错失了机会，怪不得别人！这位总裁仔细一想，果然有这么个人。他是一位从底层做起的新晋企业家，他以前是收破烂的，后来搞了个环保物资回收公司，他最近想投资就找到了苏总，可苏总根本没将人家放在眼里，也因此错过了一个力挽狂澜的机会。而那个人正是他生命中的贵人。

这其实很简单，当苏总问卦时，正好他的司机来为他倒水，水为财，有人来为你倒水可直接翻译出此投资有贵人帮忙，什么样的贵人？从司机的身份可以进一步推测，帮他的贵人也是平民出身，本来是好事可以水到渠成，可惜，苏总对送来的水，完全熟视无睹。

苏总后来解释说他当时没在意，其实并不是他当时没在意，而是他对手下从来就没有在意过。如果当时送水的人是他的领导，请问他会熟视无睹吗？一个人的外在反应，都是他平时待人处事起心动念所形成的习惯，看似偶然，实则必然。

所谓的命都是我们一手造成的，如果这位苏总平时能够多关心一下下属，平等待人，没有太大的分别心，那么那杯水，他一定看得见，也一定喝得到。那么这个财他也就一定能赚到！

诚于中，外于形。一个人命中能赚多少钱，当多大的官，其实都是由他自己平时为人处世所积累的善恶来决定的。生活中，我们的一举一动，可能都在预示着事物发展的规律，人体是一个小宇宙，和大自然都是相通的，从这个意义上来讲，人的行为好坏甚至一个起心动念，对这个世界都会有深远的影响，这叫天人合一！

所以说，在现实中，一个人的起心动念好，运势也一定好，这是一种自然的感召。只有当我们将自己磨砺得足够强大时，身边自然就会汇聚相类的人和物，时机一旦成熟，机缘自然也会跟随而来。因此我们说一个人生命中最大的贵人就是他自己。

我是一切根源所在

你命运的好坏及卦象的吉凶和我一点也没有关系，都是由你自己来决定。佛家有一句话：个人吃饭个人饱，个人生死个人了。永远都不要迷信除了你自己以外的任何一个人，能够帮你改命，佛陀也只是告诉我们改命的方法。所谓佛度有缘，就是让我们按照佛陀所说的方法去认真实施、修行，才能改变自己的命运！

——了凡

生活中，一个人的事业、家庭的好坏都是他自身的放大和外延。

我们身上的特质决定了我们喜欢做什么事，喜欢和什么人接触，喜欢以何种方式处世，这些都是由先天和后天环境所形成的。这些特质往往伴随着我们的一生，伴随着我们的成功与失败。所谓“成也萧何，败也萧何”。我们身上的特质往往在某些时候会决定我们是否能成功，但当成功后，这种特质在某个阶段却又成为我们前进路上的绊脚石。

我以前有位上司，他很有设计才能，也很受公司重用，但他这个人唯一的缺点就是没有容人之量，气量极小。其实，在他受聘到我们公司之前，还开过一个很大的公司，曾创立过一个非常有名的品牌。但因为他经营不善，更多是因为他总是以怀疑之心对待自己的手下，最后公司倒闭了。后来他来我们公司，刚开始还能领导一个分公司很好的发展，但是没过几年，他骄横高傲的心又开始高昂起来，每个部下在他眼里似乎都一无是处，他看不到职员的任何优点，经常无端地挑人毛病，嘲笑对方，克扣员工的奖金。很快，他的手下都离他而去，最终他身边没有一个可信之人。

后来，无奈之下他只得离开了我们公司。

是什么原因导致他总是众叛亲离，在职场中连连挫败？

其实他身上有很多优点，细心、精明、注重细节、很有创意，但是这样一个优秀的人最终却输在了他的个性上。

没有容人之量，总是将手下当成傻瓜，常常嘲笑他们，这样的人怎么可能得人心呢？

所谓风水轮流转，人在做，天在看。做多了不得人心的事，终究会自食其果的。说到源头，他的事业失败，不是谁造成的，一切都是他的一思一念，一言一行感召来的。圣人言：己所不欲勿施于人。当散发出去的负能量积攒到一定程度时，首先殃及的就是施者本人。

性格决定命运，一个人身上的习气在某些时候会成就他的事业，但在某些时候却成为一种致命弱点，让他一败涂地。而一个人在同一个地方跌倒过无数次尚不能吸取教训，那他真是无药可救了。

如果不是自身的原因，我们不会屡战屡败，不会四处碰壁，不会遭人唾弃，不会感受到世界仿佛遗弃了我们。我们付出了多少，就会得到多少；我们破坏了多少，就会相应得到多少痛苦。

人活一世，如不如意，幸不幸福都是由自己来决定的。你想好便是好，但这个好必须是符合道德伦理的，如果不是，只会结出苦涩的果子。如《吕氏春秋》所言：凡事之本，必先治身！意思是世上人的心性修养是最根本的、第一位的，是一切事务治理好的前提。因此了凡因语讲：我是一切的根源，一切的发生、发展、结果，都是因我而起。

发现生命的真相，你就是圆满所在

佛家讲：我执则心执，心执则物迷。一个人如果太执著只会给自己带来无尽的烦恼。人要从当下开始做起，为自己的未来修行。不要一味地把希望寄托在虚幻的物质上面，或者到处寻觅高师大德予以点化。一个人如果自身不修行，不向善，纵使观世音菩萨也不能帮你半分。

动心起念，播善因才能得善果

我们的命运。都是我们一手造成的。做善事得善报。做坏事得恶报. 这都是我们平时种下的善因或恶因造成的。但如果我们能迷途知返，找回一颗向善的心，也会遇到自己的善果。

心正，外灾也会躲着走

有句老话说得好："人叫不走，鬼叫飞跑。"意思是，当一个人身上阳气不足，邪气有余时，周围就尽是小鬼打搅、小人来找。即使偶尔有君子来规劝，他们也是熟视无睹。

反之，当你一身正气，阳气冲天时，你的周围聚集的就都是一些祥和之气的贵人！听到的也是喜鹊的欢叫声。所以说当生活中我们撞见鬼时，只说明一个问题：你当下的阳气已经衰弱到极点了，否则，鬼是不敢在你面前出现的。所谓，苍蝇不叮无缝的蛋，正因为你有缝了，苍蝇才敢来叮你。

——了凡

2011 年，中国发生了许多交通事故，小到普通百姓，大到明星，许多车祸让我们不得不警醒。

其中非常有爱心的一起交通事故发生在《步步惊心》里饰演八皇子的郑嘉颖身上，事业运正在节节攀升的他在驾车回电视城途中为了躲一只小狗而撞上石堆发生车祸，其价值80万元的宝马也因此刮花，而所幸鸿运当头的他毫发未伤。

这看似偶然的意外，其实也是一种必然，星运亨通时的郑嘉颖自称工作忙碌，工作忙碌使他开车稍显匆忙，而他当时为了躲避小狗的出发点是善良的，也因此他才能躲过这一劫。

可见，发生任何事，当我们一念善时，其结果也是好的；而当我们一念恶时，其结果也是坏的。

当我们修习正念的时候，我们就接触到了生命中的那些使人净化和使人神清气爽的因素，并且开始转化我们自己的痛苦和这个世界的痛苦。一个人的习气很难转变，俗话说：江山易改本性难移。但也只是难移而不是不能移，只要我们的正念强大，我们就可以更正已经持续了多生多劫的痛苦和混乱的恶性循环。

不要让你自己迷失于过去。把握眼前，用一颗良善之心去深深感受生命，重要的是活着，并对生命中一切可见到的奇迹保持开放的心灵，这就是正念。正念是一种力量，这种力量能够把佛眼带到我们的手上。借助于正念，我们就能够改变世界，并给很多人带来幸福。

当我们修习正念的时候，我们的存在就像一个神奇的咒语。具有改变事物的力量。当身、语、意处于完美的统一状态的时候，在我们讲出一个字之前，咒语就已经发挥效用了。

但生活中，很多人的意识并没有轮回和因果的概念，他们认为人就这一生，就这一世，他们每日想的是怎样让自己过得痛快，怎样让自己可以尽情享受，他们认为积德行善，为自己的后世累积福报是一件不可思议的事情。他们确信人死了之后就什么都没了，为什么不趁着活着的时候及时行乐呢？

所以今天的人们对古圣先贤的教诲持怀疑态度，他们相信的是证据，只要能拿出证据来证明给他们看，才能让他们信服。但事实上即便有证据证明，他们依旧不信。在国外，有不少人相信催眠。一个人被催眠后，他回到过去世，过去二世、三世，甚至几十世。

美国的魏斯博士做了一个催眠报告，里面讲到：有一个人被催眠后，曾经回到四千年前，问他住在哪里？他说住在石洞里，没有房子，衣不遮体，靠打猎为生。他甚至看到过去的许多债主，竟然是这一世常常来找他麻烦的人。等他回到现实中时，他才了解，原来所有的事情并不是偶然的。它是由很深的因结出了当下的果。

当然，对于这个报告，不相信的人还是占大多数。在我们生活中，尤其是一些偏远落后的地区，经常会发生一些鬼神附体的事件。这样的现象科学也给不出一个合理的解释。这是什么原因？其实就是你的冤亲债主来讨债的，借由被附体的这个人透露一些讯息给你。

看看当下的社会：是非颠倒，善恶颠倒，邪正颠倒。之所以有这种现象存在，最主要的原因就是我们人类对自身不反省，认为自己所做的一切都是对的，这才给自己招来了灾难，弄得一身病苦。因此我们说心念不正的人，冤债也会不断。要知道意念具有很大的能量，它能够改变物质现象。如果我们都能意识到并接受这个理论，那今天地球上许许多多的灾难都可以得到化解。有些人开始问了，真的这么简单吗？是的。其实我们遇到的种种灾难都是不善的意念变现出来的。只要我们把不善的意念放下，提起正念、善念和净念，这个地球上将不再有灾难。

不要把这些当做迷信看待，许多看似偶然的事件，其实是在向我们发出警示，让我们自身及时反省，最近是否有做违缘的事？如果有，及时忏悔和弥补并不为晚，如果等酿成大祸再来后悔便悔之晚矣。这绝对不是危言耸听，在天灾人祸频频发生的现在，平时积善多的人总能化险为夷，而平时自以为是，趾高气扬的人，不懂惜福和积福，自然会被厄运缠身。

所以说一个人如果想趋利避害，最简单的方法就是完善自身。当你摆正心念，一心向善时，你的身上阳气充沛，运势上扬，事业也会顺遂。

人生在世，善恶自有因果

福祸无门，善恶自昭，其实命运很公平，我们上一辈子所积累的善恶总和在今生早已定格为命的基数。今生积累了善就在这个基数上加，今生积累了恶就在这个基数上减。不管是天子还是平民，都是一视同仁。

——了凡

什么是因果？因果就是业因果报，又叫因果报应，是佛教基本原理之一。因就是原因，果就是结果。业就是指一切身心活动，分为身、口、意三业。报则是指业的报应。即由三业的善恶导致的后果。因就是业，果就是报。因果是生命的实相，也是很深的生命哲学。有因必有果，这是万事万物都逃不开的自然规律。

佛讲：菩萨畏因，众生畏果。

因为菩萨知道果是由因而来，一切的开始都是缘起，只有从因着手，才能得善果，积福报。

星云大师说：信佛重要。还是信因果重要？我个人认为：宁可以不信佛。但不能不信因果。

因为不信佛，佛祖不会气恼怨怪我们，降罪伤害我们，所以信佛固然对人生有很大的助益，不信佛也不会产生不好的后果。但是不信因果、不明因果、不知因果、不顺因果而行，则后果不堪设想。因为“因果”是亘古今而不变，历万劫而常新的真理。大至国家兴衰，小至个人得失，追根究底，其中的一切过程。惟有“因果”二字才能予以说明。

释万行上师说：虽然一切有相皆是虚妄，但念念为善，处处为善，时时做恶，都还是会受因果报应的，一点也不能马虎。每一层天各有自己的因果大律。即便是大彻大悟的祖师们在行为上也是不舍一法，在心上可以空，但在行为上是不可以放弃服务大众的机会。宇宙中的一切，无实无虚，非真非假。

佛经讲：一切诸果，皆从因起，一切诸报，皆从业起。也就是说，我们今天遭受的一切。都是由前世的因决定的。

佛陀说，这世上的事物就像是锁链，一环扣一环，环环相应，这就是因果链。

看到，生相；听到，生音；摸到，生感；闻到，生味；想到，生觉。我们作为感觉的源头，作为主体，不断地接受着锁链的连锁反应。所以，我们要随时警醒自己：在做每一件事时的发心，务必要符合天道的规律。

星云大师在讲因果时曾这样说：我们世间的每一个人，出生的国家和地方都不同，你不认识我，我不熟悉你，看起来好像没有什么关系，其实你我他都是有缘人。佛经里面说：假如一个人证悟了“宿命通”，能知道人生的过去、现在、未来的多重因果关系，他就会知道天下的众生在多生多劫以来，哪些人做过他的父母、兄弟、姊妹及六亲眷属。

在我们生命中遇到的一切人和事。都是有因缘的。

而这一生我们获得的成功，遭受的磨难也和因果有关，是与我们前世所累积的福报或造的业报有关。

如果前世我们是大善人，积累了足够的善功福报，那么我们这一世就会转世投胎成为幸福快乐的人；相反，如果我们前世作了大恶，到这一世就会遭受许多挫折和磨难。

而此生我们行的善和积的福则又累积到下一世，想要我们生生世世都幸福快乐，那我们必须好好地累积阴德善功才行。

星云大师曾讲过这样一个故事：

过去有一户人家办喜事，亲朋好友都来喝喜酒，筵席摆满了一条街，敲锣打鼓，热闹非凡。这时来了一位风尘仆仆的出家人，他站在门边不住地看，不住地摇头叹气，引起很多人的讶异，就有人问：“师父啊！人家办喜事，你叹什么气？”这位出家人就念了一首偈作回答：“牛羊六畜席上坐，三世祖母娶为妇。堂上敲鼓打公皮，锅内煎煮是姑姨。”

意思是说：天下的众生真是苦啊！今天这一场婚礼。用因果轮回的眼光来看，是三世的老祖母去逝以后，再投生转世嫁给孙儿的。而端坐在席上正在大吃大喝的亲朋好友，却都是前世的牛羊猪马。堂上敲着的鼓，是用前世的公公的皮肤绷成。现在锅子里煎煮着的，正是这一家的六亲眷属，是前世的姑母姨娘。这些都不过是在转生有情、迁流六道的时候，受了业识的牵系，而造作种种乖违无明，成就各种不同的形相和躯壳罢了。其实每一个人的真如本性是一样的，只是后天的清澄、垢浊不同，引发出不同的执离，使一切在因果中生生灭灭，而你我也尽在因果之中相即相离、相识相隔了。

佛经上有“三时报”，是指现报、生报、后报。

所谓现报，是说现世报，现在就有报应。

所谓生报，是指今生做的事，到来生才受报应。

所谓后报，就是说今生所造的业没有现世报，也不受再生报，而要经过很多生之后才有报应。

佛经讲：“欲知前世因，今生受者是。欲知来世果。今生作者是。”

你要想未来拥有什么样的世界，你不妨现在就生活在未来的心智模式中，当下你就能体悟那种心智模式给你带来的快乐和幸福！

你前世种了什么因，现在就受什么果；现在造什么因，未来就结什么果。

如果我们时时存有正念，时时修持善心，累积阴德，就可以改变我们的命运，改变因果的报应。而相反，如果我们处处作恶，时时存有害人之心，我们即使在前世累积了许多福报，也会有消耗怠尽的时候，总有一天我们会为我们的行为负责。

天堂地狱，系于一念

天堂本来是黑的，只有天使才是亮的。天堂因天使之纯净而显现美好，地狱因魔鬼之邪恶而显现恐怖。一念天堂，一念地狱。天堂地狱随心而现，随识而变。

——了凡

从前有位武士到寺庙问禅师："何为一念天堂，一念地狱？"禅师听了故意用话语激怒他，武士一怒之下拔出刀。禅师道："这就是地狱。"武士一怔马上觉醒，慢慢地放下了刀，禅师道："这就是天堂。"

可见，我们当下的一思一念是何等重要。

当我们生气愤怒时，便是在用别人的错误来惩罚自己。怒气伤肝，当我发完火后会发现，事情不仅没有得到解决反而更纠结了，你不仅伤害了对方的感情，你还同时伤害了自己。因为实践证明，当我们生气时，身体会排放一种毒素，伤害我们的五脏六腑。所以，你看那些常常生气的人，往往比那些平时和蔼可亲的人多出很多病痛来。比如有许多身在监牢的犯人，他们大多都是因为一时不能克制自己的愤怒而酿成了大祸，只能用半生或一生的时间在监牢里偿还自己的罪孽。他们就是因为自己一念冲动而付出了惨痛的代价。

一行禅师说，当我们愤怒生气时，最好的办法是拥抱愤怒，回到自己的内心。想想为什么会生气，对方是否也受到了同样的伤害，你生气的根源是什么。想想看，如果你家着火了，最重要的事是回家灭火。如果只想着去追打纵火嫌犯，房子就会被烧光，这岂非太不明智了？这时真正该做的事是回去灭火！

所以。当我们生气时，最重要的是灭掉内心的火，而不是去和对方吵架，让火越烧越猛，最后还殃及自身。

很多时候，如果我们能够静下心来，就会发现退一步原来就是海阔天空。

正如阴阳法则告诉我们的，我们一思一念的善恶将直接影响我们的命运，而如何改命，最好的方式便是随时以正念思维，随时觉知我们内心产生的恶念。当下忏悔。

我们下面要分享的《佛与魔鬼》的故事就是一个典型：

有个著名画家想画佛和魔鬼，却苦于找不到原型。一次偶然，他在某寺院发现一个长得很像佛的和尚，于是他许诺重金请他做一回模特，作品完成后引起了轰动。画家非常满意，为了感谢和尚，便给了他很多酬金。也因为这幅画，画家被誉为画圣。

过了一段时间。他开始准备画魔鬼，但依然找不到魔鬼的原型。他探访过很多地方。终于在监狱中找到了像魔鬼的犯人。可当他面对这个犯人时。犯人却失声痛哭地说：“为何你上次画佛时找的是我，现在画魔鬼时找的还是我？是你把我从佛变成了魔鬼。”

画家惊讶万分地说：“怎么可能呢？我画佛时找的那人气质非凡，而你看起来就是纯粹的魔鬼形象啊，怎么会是一个人呢？”那个人却悲痛地说：“自从我得到你给我的那笔酬金后，每天只知道寻欢作乐，挥霍生命。到后来钱花光了，而我的欲望已经一发不可收拾，于是我就去抢别人的钱，还杀了人，所以就成了现在这个样子。”

可见，人性在贪欲面前是如此脆弱，佛与魔鬼似乎就在一念之间，是成魔还是成佛，关键是我们如何克制内心的恶念。善恶有报，如影随形，讲的是行善和作恶的报应，就像是影子紧紧地跟随着形体，永远都不会分离。种善因得乐果，造恶因得苦果，这些道理圣人说得很详细，无奈愚痴的人不相信，非要背善向恶。

圣人言：人之初，性本善。人在刚出生时，只有善，没有恶。随着年龄的增长，对人生，对社会，对天天发生的所有事情有所感悟，心才会随之变化。无论人心变得多恶，他生下来时都是善的。后天造出的恶，关键在于自己成长的过程是否心理健康。人心本无恶，只因贪嗔痴。就因人有太多的欲望，才有今天的恶。如是人人都有爱心，平等心，和平心，那这个世上就不会再有战火硝烟和人为灾害。

其实，善恶与否，只有在对待不具备任何力量的人或动物时，才会体现出来。如果一个人在不受外力支配的前提下，能善待芸芸众生、珍爱动植物、维护环境的安全和优美，就可以认为他是个善者。因为善恶原本只在一念之间。

种善因，得善果

在佛家有一句话叫“众生畏果，菩萨畏因”，凡夫做任何事情只看重结果，结果好就开心，不好就怨天尤人，从来不问结果是如何产生的；而圣贤们却恰恰相反，从来不问结果，只关心自己在做这件事时的最初发心，是善的还是恶的，是符合规律还是背道而驰。他们相信只要发心的缘起是好的，结果肯定也是好的，种瓜得瓜。种豆得豆，这是自然的规律。

——了凡

其实，一个人想造业很容易，而想一辈子积德行善却十分难。

而行善积德，顺其自然最好，有意而为或掺杂了自我的欲望与功利之念想。则全无功效。

古人云：“君子不因善小而不为，不因恶小而为之。”世间有德行的高人，其德行都是自然而生的，他们生生世世都为自己种下善果，这样的人才是真正有德。

正所谓是大道无形，大德无形，这就是循天道。

老子在《道德经》第三十章中曾讲：“上德不德，是以有德；下德不失德，是以无德。上德无为而无以为，下德无为而有以为。上仁为之而无以为，上义为之而有以为，上礼为之而莫之以应，则攘臂而扔之。故失道而后德，失德而后仁，失仁而后义，失义而后礼。”

意思是指上德的人并不刻意追求德，所以才有德；下德的人不愿失去德，所以反而没有德。上德的人无所为而且无意作为，下德的人无所为但有意作为。上仁的人有所作为但无意作为。上义的人有所作为而且有意作为，上礼的人有所作为但没有人回应他，于是就伸出手臂来强迫别人。所以丧失了道而后才有德，丧失了德而后才有仁，丧失了仁而后才有义。丧失了义而后才有礼。

此处的“上德”即天道，而下德、仁、义、礼则是人道。世间之人，多数只能守人道，却不能循天道。而有些人则连守人道尽人事都无法做到。则只能品尝自造的苦果了。

所有因果无谓大小，一举手一投足中因的种子就已经种下了。

了凡因语：发短信会影响一个人的运势，如果发出的短信是吉祥喜悦的，产生了好的阳性气场，让朋友们开怀，那当然就“发了”；反之，如果发的短信是破场的，让很多人不悦，心生反感，那就不是“发了”，而是“败了”。发邮件打电话也都是一样，要多说“阳话”，不说“阴话”，这样，我们的运势就自然也会阳光灿烂！

日常生活中，我们言行举止会造业也会结善缘，所有的因果都在一念之间。

当我们心怀感恩，常常讲别人的好话时，我们也会同时身心愉悦，阳气充足。

当我们心怀龌龊，常常讲人是非时，我们身上处于阴性场态，难免招惹是非。

包括我们打电话、发短信、写邮件、网络聊天等，都是在传递一种信息，与大自然形成互动交流。当我们的信息内容健康快乐，吉祥喜悦时，自然会产生阳性气场，让对方也身心愉悦，自然会增强你的运势，让你做事一帆风顺。

当我们常说阳话，少说阴话时，生活的气场也会由阴转阳，生活自然阳光明媚。

所以，因果其实产生于我们日常的每个行为细节中。

当我们多积善缘，多做好事，自然会累积更多的福德，让我们的气场活色生香，让我们事业和生活如鱼得水，一路春风。

人性本善，找回一颗向善的心

刘善人说：人一生的寿命是有数的，福分也是有数的。吃的、喝的、都有一定数量。我们不能被这个数拘住，我们得夺数、挪数。怎么挪？你得有善功德！舍钱不如舍身，舍身不如舍心，舍心不如舍性。我们救命是救一时之苦，救性才是救万古。

——了凡

《四书·大学》说：“物格而后知致，知致而后意诚，意诚而后心正，心正而后身修，身修而后齐家，齐家而后国治，国治而后天下平。”意思是说事物的原理要推究明白，而后才会拥有渊博的知识，彻底了解事物。拥有渊博的知识，彻底了解事物，而后意念才会诚实。意念诚实，内心才会端正而无邪念。内心端正，而后才能提高自身的品德修养。自身的品德提高了，家庭才会整顿好。家庭整顿好了，而后国家才会治理好。国家治理好了，才能使天下太平。

“物”是物欲，是对于物质上生起种种贪求的欲望，即五欲六尘。

而“格”是格正，司马光解释为格杀，也就是说要格除物欲，人心才能向善。

佛说“放下屠刀，立地成佛”，即放下心中的妄想、分别、执着，就能成佛。

可见，一个人犯了错，如果能及时改正，也能修成正果。

以前，有个叫禅海的年轻人不小心误杀了一位高官，无奈只能到处流亡，最后他到寺院出了家。为了补偿罪过，他下决心要完成一件善举。禅海知道某处悬崖上面有条路非常危险，已有不少人在此断送了性命，因此，他决心在悬崖下面挖一条隧道，取而代之。于是他白天乞食，夜晚挖掘隧道，日日不辍。三十年过去了，一条长达两千多米的隧道终于挖通了。在禅海完成这条隧道的前两年，那位大官的儿子已成了一名剑道高手。他四处寻觅禅海，终于找到他要报杀父之仇。禅海平静地对他说：“我心甘情愿地把我的生命给你。但请让我挖完这条隧道，等到这项工程完成的那天，你就可以杀了我。”

于是大官的儿子就耐着性子等。时间一天天过去，禅海仍在不断地挖着。

几个月过去，大官的儿子等得很不耐烦，便开始帮禅海挖掘。等他帮了一年后，对禅海的坚强意志十分钦佩。后来隧道终于挖成了。人们也不用再走危险的山路。禅海当时放下手中的工具。欣慰地说：“隧道完成了，我心愿已了，现在请你砍去我的头吧。”

此时那位年轻人满含眼泪，动情地说道：“您是我的老师呀！我怎能下手砍自己老师的头呢？”

佛言：放下屠刀立地成佛。即使是一个杀人犯，当他放下恶念一心向善时，也会最终得到善报。

所以说，我们的命运，都是我们一手造成的。做善事得善报，做坏事得恶报，这都是我们平时种下的善因或恶因造成的。但如果我们能迷途知返，找回一颗向善的心，也会遇到自己的善果。

破执除妄，不执着的人生才淡定

我们奔波忙碌的追求着自己认为的幸福，却不知幸福就在我们的手中。但是我们太执着，执着于对美好的勾画，执着于对未来的追求，却忘了我们原本拥有的才是最值得珍惜的。

心执则物迷，破我执

我们之所以不能放下，主要是在得失利害方面放不下。因为，我们总是希望在未来出现合乎我们意愿的结果，希望未来按照我们的设计，按照我们的理想来实现。这实际上就是我执在作怪。是我们向外追逐的心在作怪。是我们自己一切烦恼的根源。

——明一法师

净空法师在《地藏经讲义》中讲：

佛法里头都是讲真相，真相决定不可以执着身是我，把身外之物，看作我所有的，我所。我尚且没有，哪来的我所？你才真的觉悟了。你要能把我、我所放下，放下不容易，你为什么放不下？是这个道理与事实真相你没有搞清楚、没有搞明白。如果真的清楚、真的明白，你就很喜欢放下，你不可能不放下，这是一定之理。明白就是看破，什么叫看破？理事因果清楚了、明白了，所以你是样样都放得下。

我们现在有很多人在学禅，但学禅不只是为了开悟，更重要的是为了得到解脱。试问为什么要“破执”？为什么要“开悟”？因为人有一些与生俱来的人生困惑，唯有通过“悟”解决了这些困惑。才能得到真正的解脱。

中国禅宗史有一个著名的故事：

隋开皇十二年，有一个小和尚道信，也就是后来的禅宗四祖道信。道信十四岁时去参拜三祖僧璨大师，道信说：“愿和尚慈悲，乞与解脱法门。”三祖问：“谁缚汝？”道信说：“无人缚。”三祖说：“何更求解脱乎？”道信听了这话，当下就开悟了，后来成为禅宗的一代大师。是啊！本来就没有人把你绑起来，本来你就是自由的，你还辛辛苦苦地请人给你松绑，松个什么劲？这不是画蛇添足、多此一举么！

其实这也是我们每个人的写照，我们奔波忙碌的追求着自己认为的幸福，却不知幸福就在我们的手中。但是我们太执着。执着于对美好的勾画，执着于对未来的追求，却忘了我们原本拥有的才是最值得珍惜的。佛家讲：我执则心执，心执则物迷。一个人如果太执着只会给自己带来无尽的烦恼。

就像人总会问自己一些无解的问题一样：“为什么活着？”“我是谁？”“我从哪里来，到哪里去？”这些问题，都是无解方程式，凭借理智和科学是根本不能解答的。因此，一旦你开始想这些问题，你就开始倒霉了。问题就像一根看不见的棍子一样横在胸中，除非你能够解决这些问题，否则就会觉得生活毫无意义。

这就是太执着的表现。如果不能破执开悟，将无法获得解脱。当然，并不是每一个人都会开悟，没有悟性的人就不会开悟。那个小和尚道信就是有悟性有慧根的人。另外，不“迷”的人也不会有“悟”。没有“迷”，又哪来的‘悟”？假如一个人连“迷”都不曾有过，那就别指望他有“悟”的一天。“悟”的最起码的前提是必须有一些人生困惑。判断一个人有没有悟性，不是看他的智商多高，相反，应当看他的困惑和痛苦多深。智慧总是和痛苦联系在一起的。

佛说，当凡夫执着于五蕴假合之身为我，其实那是妄我，要像佛那样具有八大自在之我，才是真我。你虽然不能和佛相比，但你却可以努力根除身上的妄执。

如果对自己太过苛求，就会陷入痛苦的泥淖中不能自拔，难免庸人自扰。

一个人若整日陷在鸡毛蒜皮的小事中，斤斤计较，那人生的格局也难免会局限在他活动的方寸之内，无法放宽心胸接纳世间万物，无法明白人生的真谛，所谓井底之蛙便是如此。在现实中，有的人一辈子辛苦奔忙，到头来却竹篮打水一场空，一事无成。有的人终于成功了，但却不知如何守住成功，却被成功冲昏了头脑，直至再次失败。

太多时候，因为太在乎一个人，太想留住一些美好的东西，太想抓住某种名利或地位，反而失去了它原本的初衷。太想得到的幸福越抓得紧，它消失得越快；太想得到的爱人越靠得近，他离得越远；太想拥有的成功，因为太急功近利，最后却是竹篮打水一场空。

在我们的一生中，才智、财富、名利、地位等，这些穷其我们一生所追求的东西，当我们最终离开这个世界时，你会发现什么都带不走，什么也留不下。

既是如此，我们还要如此执着吗？答案已然写在了我们心里。所以说一个人要想根除痛苦就必须放下我执，让心得自在。万物因果循环，成功失败皆幻象，春去秋来生命轮回不断，人生，但求从容而行。

懂得放下，才是大智慧

易者，圣人乘时之学；圣人守时而待命，因势利导，乘时而起。故先哲孟子有云：“虽有智慧，不如乘势；虽有镃基，不如待时。”老子亦曾对孔子说：“且君子得其时则驾，不得其时则蓬累而行。”意思说，机会给你了，你就可以作为一番，时机不属于你的，就规规矩矩待在那不要动，借古鉴今，今人所谓的英雄，只是在对的时间做了对的事情而已！

——了凡

做一个快乐的人其实很简单，守好自己的本分，不逾矩；看好自己手中的东西，不谋外财；卸掉心里的担子，适时放下。如果能做到这些，快乐不招也会来找你。

但是真正要做到放下并不是一件易事，这需要足够的修为和领悟力。

有个聪明的年轻人，很想在各个方面都强过别人，他尤其想成为一名有大学问的人。可是，许多年过去了，他的其他方面都不错，可学业却没有什么长进。他非常苦恼，特地去向一位大师请教。

大师说：“我们登山吧。到山顶你就知道该怎么做了。”

那山上有许多晶莹的小石头，煞是迷人。每当年轻人见到他喜欢的石头，大师就让他装到袋子里背着，很快。他就吃不消了。

“大师，再背，别说到山顶了，恐怕我连动一动的力气都没了。”他抬头凝望着大师说道。

大师微微一笑：“该放下啦，背着石头怎么可以登上顶峰呢？”

年轻人一愣，忽觉心中一亮，向大师道谢后走了。后来，他一心做学问，进步飞快。

道理其实就是这么简单，我们背着七情六欲名利物质的包袱，深一脚浅一脚地前行，累么？当然累，背了那么多东西，岂有不累的道理。如何能不累呢？放下。对，就是放下。我们能说这个道理我们不懂吗？我们能说是自己愚笨不明吗？当然不是，究其原因还是我们不舍得，不舍得放下，不舍得丢弃。人这辈子，一直在追求所谓的名利地位财富，这些物欲将我们的心撑得满满的。我们每天忙忙碌碌，蝇营狗苟，为了多挣钱财，为了谋取官位身陷俗世泥泞而不可自拔，但到了最后我们却感受不到真正的快乐。这不是和我们的本意背道而驰吗？

“放下、再放下”，可以说是一个追求幸福的妙方。如果我们都像佛陀指示的那样能够放下，我们就一定可以和幸福相遇。所以圣人言：懂得放下，才是大智慧。

在2008年汶川地震时，据说许多灾民在逃亡途中刚开始都背着家里值钱的东西逃生，但是他们很快发现，当生死都无法确定的情况下，那些东西正是阻碍他们生存的累赘物，于是他们很快抛下了这些身外之物轻装上阵。所以，当时在地震灾区。一路上随处可见舍弃的家用电器。

因为，生存比什么都重要，在生命受到威胁的时候，那些财富有时还抵不上一瓶矿泉水、一碗方便面来得珍贵。

而生活在城市中的我们，为何在物质极大丰富、住着华屋美墅的情况下依然感受不到丝毫的幸福和快乐？其实，那正是因为我们身上背负着太多外在的物欲、名利、地位，这些身外之物压得我们喘不过气来，试想，我们还有什么力气去感受阳光雨露，去感受新鲜的空气，去感受一滴露珠的清凉？

因为这些微不足道的快乐，我们已经视若无睹；因为对财富的热衷已经让我们迷失了本性。只有在面对死亡时。我们才会发现，所有的外物都毫无用处，而支撑我们活下去的是对生的信念，如果没有信念，人和行尸走肉并没有分别。

所以，不要为自己有赚钱的头脑沾沾自喜，更不要为了自己节节高升的职位万分得意，这些，远不及一颗懂得放下、从容生活的心来得珍贵。而这，才是人类生存之道的大智慧。

放慢脚步，才能体味幸福

如果一个人表现得很匆忙，只能说明其本身有问题，是他“心里有事，不够干净”。心亡则忙，太忙使生命缺氧，整体失序的欲望膨胀使人不堪负累，所以，我们需要停下来重新审视自己。小孩永远都不会太忙，即使他们玩得团团转，也都是有序的、快乐的！

——了凡

这个世界的节奏越来越快，工作越来越忙碌，而我们的内心却越来越荒芜。

当我们不断地追逐物质欲望时，陷落在名利、地位中不能自拔时。我们整天会接无数的电话，说无数言不由衷的话，会应酬无数的人，看无数人的脸色，因为那些人都是我们认为的所谓人脉，能帮助我们拓展事业。开疆拓土。

什么时候，我们交友的目的非常明确，只交对我们事业有利的人？

什么时候，我们只接对我们有利的人的电话，而那些平常只是想问候你一声的朋友你却置之不理，因为你觉得他们问候你只是无聊之举，或是对你有所求。你并不知道，当你被欲望堵塞心灵时，你看到和体会到的一切都是与功利有关。你会推己及人，将自己内心的想法强加给你的朋友。而他们原本的愿望，不过是希望你能更快乐，更充实地度过每一天，而不是为了金钱与名利整天蝇营狗苟，工于算计。

当我们的心被物欲蒙蔽时，我们便很难体会到周围人的爱心，很难体会到生活质朴的快乐。

其实，心亡则忙，太忙的生命会缺氧，整体失序的欲望膨胀会让你不堪其累，这个时候。你需要停下来重新审视自己。

比如，你会细细去咀嚼一粒花生米吗？你会为吃到爆米花快乐吗？你会为看到一朵野花开心吗？你会为爱人给你披衣感动吗？你会因看到乡野里袅袅的炊烟升起而兴奋吗？你会看到屋檐下雨滴泛起的泡沫而莫名欢喜吗？你会在下雨时奔跑在雨中，用舌头舔一舔雨水的味道吗？

如果你肯用心，就会发现那些生命中原本微不足道的事，才是最质朴的快乐与感动。

当我们在忙碌中忘掉身边的人需要我们的关心，忘掉身边的美景需要我们欣赏时，你不妨问问自己，难道你一生的目的就只为成功那一霎那的快感吗？如果有一天，当你终于获得成功，当你站在生命的最巅峰，你回头再来看你走过的路时，你会发现，你忽略了生命中太多的美丽，你忽略了生命中太多的感动，你错过了命运馈赠给你的幸福。

此时，再来看早晨第一缕阳光从地平线上升起。看微风拂动着小草上的露珠，看一滴露珠竟能折射整个太阳的光辉。你也许会突然顿悟，原来生命的宏大与微小，取决于你折射怎样的光辉。

如果你折射太阳的光辉，它便灿烂无比，哪怕在一瞬间，露珠会变成水蒸气。

如果你折射阴霾和黑暗，生命便会黯淡无光，即使你得以苟活，也会活在没有光明的阴沟里。

这时，你还会觉得“忙”更有意义吗？

从前，有一个优秀的青年人，他聪明勇敢，有着宏伟的志向，可他却性子非常急躁，迫不及待地想要实现那些梦想。一天，他对着天空叹息：

“我究竟还有多久才能获得成功呢？为什么所有事情都需要漫长的等待呢？如果我能够有一个加快时间向前走的小钟该多好啊，我就可以不用再辛苦地等待了，成功也会离我更近了。”

正在这时，天神出现给了他一个钟表，说：“这就是你想要的能够让时间变快的小钟，从此你可以得偿所愿。但是你要记住，这个时钟只能帮助你快速向前，不能后退。”

小伙子高兴极了，他把钟表向前拨动了一个小格，他就长大了许多，并且拥有了一官半职。他高兴地想到：“如果我现在能够有一个美丽的妻子就好了。”于是他又拨动了钟表，他的婚礼正在隆重举行。悠扬的音乐和醉人的美酒都出现了，他美丽的妻子正对着他甜蜜地微笑。

他又想：“那快看看我什么时候能够当上大官吧。”于是他再次拨动钟表，此时他已成达官贵人，府邸豪华、家仆簇拥。

此时，他心中的愿望层出不穷，于是不停地拨动钟表，得到了更多东西，也实现了人生的理想……在拥有了这些东西的同时，他的生命也走到了尽头。在弥留之际，他开始后悔自己以前做任何事都那么急切，还没有认真享受生活，生命已经走到了尽头。如果可以重新来过，他一定可以等待的，但是后悔已晚了，因为那个钟表只能向前转不能向后退。他感到伤心极了。等到他哭着醒来时，发现原来只是一场梦。喜极而泣的他向天神祈祷：“原来，最珍贵的宝藏就是人生的经历，慢慢体会人生才是一种幸福。”

现实生活中，很多人会犯类似的错误，当我们拥有一样珍贵的东西时，往往视而不见，不知珍惜，而是放弃或牺牲我们手中最珍贵的东西去换取片刻的欢娱，最后总是得不偿失。

其实，人生的本质就是一场经历，途经一处花开，就会拥有一缕芬芳，放慢脚步，用心体味大千世界，你会发现，每一处都有好风景。

珍惜拥有，云生云灭得自在

天下万事万物“一理贯之”。有其理，必然有其事；有其事，必然有其理。所有的学习和因果的教育，首先都是为了明理，明理才会心安。“心安理得”就是告诉我们唯有把生命的规律和人生道理都弄明白了，人才能心安，才不会再去抱怨生活，才能知足常乐！

——了凡

许多人，穷其一生才弄明白，原来在我们追逐物欲，被欲望左右时，往往忽略了生命中最珍贵的东西。人生是个漫长的过程，每处细微都值得好好珍藏。

如果在追逐梦想的旅途中走得太快，走得太急，忘了在旅途中欣赏沿路的美景，忘了体味每一个阶段的人生带给我们的意义，那我们的一生，就白白浪费了。

王安石是宋代杰出的政治家、文学家。他的一生力主政治改革，也得到了朝廷的重用。宋神宗时被任命为参知政事，后拜为宰相。上台后，他积极推行新法，但处处遭到保守派压制，并迫使宋神宗最终罢免了他的宰相之职。但由于他的政治才华出众，到了第二年，皇帝又再度请他出山，可好景不长，只干了一年，又遭辞退，此时他便隐居江宁，受封荆国公。

在宦海沉浮中，王安石渐渐看淡了尘世的功名利禄。当他拜相之时，宾客盈门，许多趋炎附势之徒上门巴结，他心里极为不屑。元宵之夜，宋神宗赐宴相国寺，并命他一同观看优伶演出。五幕戏一场接一场，展示的好像正是人生的一幕幕悲喜剧。

王安石触景生情即作一偈：**“诸优戏场中，一贵复一贱，心知本相同，所以无欣怨。”**

王安石聪明过人，虽然在推行新法时有些急功近利，但当他失败之后，并没有因罢相而感到失落。他的一生，从平凡到富贵，从绚烂到平淡，曲折起伏，高潮迭起，很有戏剧色彩。

而他写的这首偈语，既阐述了戏剧的精髓，也揭示了人生大舞台的真相。

一个演员在舞台上，可以扮演富贵者，也可以扮演贫贱者；而在人生的大舞台上富贵者也可能一夜间变得穷困潦倒，贫贱者也可能时来运转飞黄腾达。王安石正是看透人生无常，所以他在位高权重时，并不得意忘形；在隐退山林时，也并不心灰意冷。

人生如戏，当我们身处其间时，总是会被物欲、名利等外在之物所蒙蔽，而看不清生命的真相。所以，当我们遇到顺境和逆境时，不要为暂时的富贵沾沾自喜，也不要为一时的跌倒而悲观失望。人生可以是喜剧也可以是悲剧，而决定权都在我们自己手上。

生命的过程，追寻的意义远大过得到的意义，因为追寻是漫长体验的过程，而得到只是瞬间的结果。所以，关注每一个当下的快乐，比关注最后的结果更让人幸福。只有在追寻中仔细地体味每一次付出的艰辛，才能真正珍惜最后的获得。

很多时候，我们往往只能看到我们失去的或未得到的，却忽略当下拥有的快乐，身边的人对我们的好我们常常视而不见；身边的东西很好我们往往舍近求远；有时我们拥有的很多，却总不知道满足，却常常不停地追逐。而蓦然回首时，却发现原来最珍贵的东西就在眼前。为何我们如此短视？

湖南卫视著名主持人汪涵在接受采访时曾说过：人生病也好。不开心也好，都源自一个字：浓。浓于情就会生出痴，浓于利就会生出贪，浓于名就会生出嗔。不开心的东西浓在心里，就会淤结成气。对付这个“浓”字最好的办法就是“淡”。所以，看淡情字，淡泊名利，淡然处之，未尝不是人生渐至化境的处世哲学。淡中方能品至味，只有领悟了云舒云卷，云生云灭的无常变化，才能懂得人生的意义和幸福的真谛，才能体会平凡生活里的美。

谦卑处世，自知者自明

当我们是大为谦卑的时候，便是我们最近于伟大的时候。

——泰戈尔

古往今来，谦卑一直被古代先贤和当代大家奉为克己的德行。反观历史，凡是有功德有成就的人无一不具有一颗谦卑之心。

谦卑是一种姿态、一种睿智，谦卑是一种境界，不是在势高一等的人面前畏缩。正是因为许多人无法真正理解它的含义，所以才变得虚荣、自负。正如牛顿晚年时说过的一段话，当时很多人都不能理解一样。他说：**“在科学面前，我只是一个在岸边拣石子的小孩。”**其实，他并非是假装谦虚，而是在感叹自己的一生。牛顿穷尽毕生之力，终于看到了宇宙的浩瀚无际，但同时也看到了自己的局限性。也就是说，知识无边，谁也不可能全通，即使有所成就，也只不过是沧海之一粟罢了，又怎能以此作为炫耀的资本呢？更何况山外有山，人外有人！

然而生活中很多人却不这么认为。他们认为自己资质聪慧，学识渊博，一味地抬高自己，却把他人视为庸人。

一农夫在田间劳作，一秀才自恃满腹经纶，便嘲笑农夫。农夫顺势从田地间拔出一枝稻穗，问秀才：“你看这田里的稻稳都是弯腰弓背，为何独我手中这枝高仰着头不肯俯首？”秀才无言以对。农夫又说：“因为它肚子里是空的，又怕被人识破，故如此。”

如秀才这般目中无人的在如今这个浮躁的社会大有人在。有的人胸无点墨，却要充当学士；有的人官无作为，却要充当救星；有的人滥竽充数，却要充当大师；有的人贪污受贿，却要冒充清官。这些看不到自己的缺点，骄傲自大的人难道不就像那空壳稻穗和稻田中的稗子吗？《庄子·徐无鬼》云："狗不以善吠为良，人不以善言为贤。"就是告诫我们不要做那嘴尖皮厚腹中空的山间竹笋和头重脚轻根底浅的墙上芦苇。

其实，任何人所拥有的一切，与有大美丽而不蓄的天地相比，与浩瀚无际的宇宙相比，都不过是沧海一粟，微不足道，从历史的长河看，不论我们拥有多少，拥有什么，拥有多久，都只不过是拥有极其渺小的一瞬间。

人誉我谦，又增一美；自夸自败，又增一毁。无论何时何地，我们都应怀一颗谦卑之心。

史料记载。苏东坡是一个悟性极高、慧根极深的人。关于苏东坡的"开悟"有过这样一个笑话。

苏东坡有一个和尚朋友佛印，他的寺庙和苏东坡的住处隔了一条江。有一天，东坡居士前去看望佛印，但是不巧，佛印出门了，等了半天，还没有回来。苏东坡无聊。就在案上写了一首偈语："圣主天中天，毫光照大千。八风吹不动，端坐紫金莲。"这个偈语表面上说的是佛像的妙相庄严，但实际上说的是自己的修行境界。"八风吹不动"是说他的内心丝毫不受外在环境的影响。苏东坡反复吟诵，觉得非常得意。又等了半天，佛印还是没有回来，东坡不耐烦了，就打道回府。

佛印回来看到苏东坡的偈语，在纸上批了"放屁"两字，派人送给苏东坡。苏东坡一看，顿时大怒，心想这秃驴太可恶！对我的境界不佩服也罢了，居然如此恶言相向，是可忍，孰不可忍！于是立刻乘舟过江，要找佛印理论。佛印一见到怒气冲冲的苏东坡，笑吟吟地说："八风吹不动，一屁过江来。"

自恃过高的人通常都会败在自己的自负上。苏东坡若是没有开悟之心，他如何能成为一代大家。谦卑绝不是对权势的顺从，而源于平等意识和博爱精神的谦卑就像拒绝任何污染的高原湖泊，它以“低”的姿态坚持着它的高度，以温柔的表情坚持着它的冷静，以对雪山、鹫鹰和天空的包容坚持着自己的纯粹和独立。真正的谦卑者，胸襟之间必然有一股浩然正气，那是他们所服膺的天地间善与美的事物赐予他们的。

谦卑不仅可以使人焕发出美丽的光彩，还可以使人看起来更加亲切、宽厚，甚至超凡脱俗，这就是谦卑的力量。谦卑的人最有人气，因为人们喜欢与谦卑的人相处。

水很谦卑，它总是向下流动，可它却流成了江河湖海；山很谦卑，它总是沉默寂静，可它却在无言中耸立成一道风景；春很谦卑，它总是在凌厉的冬后悄然而至，可它却温暖了生命；秋很谦卑，它总是在喧闹的夏后静静到来，可它却带来了收获。总之，保持一颗谦卑的心，生命就有了一种无法言传的尊严和价值。

善用爱的力量，理解爱才能收获爱

把爱当做一颗种子，就一定可以收获爱的果实。学着给予爱，从我们的一言一行开始：当我们微笑待人时，也给这个环境注入了春天的气息；当我们鼓励别人时，别人会从我们的言行中获得力量。

对他人友爱，才能收获爱

《西游记》告诉我们：凡是有后台的妖怪都被菩萨接走了，凡是没有后台的都被一棒子打死了。这个道理放在尘世也一样。我们平时若不烧香广结善缘多种福田，一旦遇事临时抱佛脚，是不会有贵人来帮你说情带和。所谓后台，就是曾经在前面为他人作嫁衣裳，搭过台子所积累的福报。菩萨也是因了你这份福报而感召来的。

——了凡

这里的“后台”暗喻我们平时所积的福报、善功与阴德。福报是什么，就是在平时生活中，我们付出的爱，一言一行，一思一念都以爱为初衷，那么，我们就是给自己找到了坚实可靠的后台，这个后台在将来必定能为你化灾呈祥。

所以佛家有云：富贵皆由命，前世各修因，有人受持者，世世福禄深。欲知前世因，今生受者是，欲知后世果，今生作者是。

很多人不明白，为何有些人一出生就衣食无忧，而有些人却总要为一日三餐奔波劳碌。他们没有干过任何坏事，但境遇却截然不同。其实，这缘于每个人的福报不同，一个人投身于怎样的环境是命定的，有的是祖宗几代累积的阴德，有的是前世自己积累的福报。

虽然如此，了凡因语生命系统却能让我们了解，尽管每个人生下来命运已经注定，但是后天的积德行善依然能够改变命运。而且我们当下的一思一念都能累积福报，种下善因，从而大大地改变我们既定的命运。就像一个乞丐可以通过努力改变困境。四肢残缺的人也能通过超凡的毅力弥补先天的不足，从而成为人中龙凤。

只要我们改变面对困境的心态，时时积德行善，我们的命运便会从此改变。

很多人积德行善，常常误以为一定要作财布施、法布施。

其实，我们自身的一言一行、一思一念都可以作布施，都可以积德行善。

我们常常看到，平时多做善事，人缘极好的人，在遭遇挫折时，总会有贵人相帮，这都是他平时累积的福报和善缘。我有位大学同学，为人礼貌谦逊，对朋友十分真诚友善，当年他读大学时家乡遭遇洪水，家里的所有粮食都被水淹，家人无钱供他读大学，此时他的一位画友却愿意出钱供他读书。这事让他感激涕零，也因此他艰难地读完大学，后来成为一个国内知名企业的老总。多年后，当他的这位画友在股市中被套牢，事业也搁浅之时，是我的这位大学同学伸出了援助之手，出钱让他渡过了难关。

因果循环，善缘成熟，才会枯木逢春，柳暗花明。

英国前首相邱吉尔年少时有一次在花园里玩耍，却不小心掉进了池塘里，幸好有园丁听到孩子的喊声赶来救起了他。邱吉尔的父亲非常感激，很想答谢这位园丁，可园丁却表示不用答谢，最后在邱吉尔父亲几番坚持下，这位园丁说："如果你真的要答谢我，那么这样好了，我有一个孩子很想学医，却筹不出学费，那么就请您帮个忙吧。"

这位园丁的孩子后来因为邱吉尔一家的赞助，终于实现了进医学院求学的愿望。第二次世界大战时，有一次邱吉尔受伤，伤口严重发炎，许多医生都束手无策，这时幸亏有一位医生及时搭乘一架专机特地送来一种当时最新发明的特效药盘尼西林。由于救助及时，邱吉尔完全康复，而这一位专程送来药品的医生便是当年在池塘中救起邱吉尔的园丁之子，也是发明盘尼西林的著名学者富莱明博士。可见，有时救助别人，也是救助自己，这也是善有善报的一种结果。

而如果我们平时没有积累足够的善缘，还会有柳暗花明的机遇吗?当然不会。但如果我们把爱当做一颗种子，就一定可以收获爱的果实。学着给予爱，从我们的一言一行开始：当我们微笑待人时，也给这个环境注入了春天的气息；当我们鼓励别人，和蔼可亲地对待他人时，别人会从我们言行中获得力量，而我们也会相应地感受到正面的能量；当我们敞开心扉，对别人真诚时，我们也会同时收获对方的真诚；当我们用善意的目光去看别人时，别人也会相应地回报我们；当我们去帮助别人时，就会有更多人来帮助你；当我们为老弱妇孺让座时，我们也可以从他们欣慰的笑容中感受到力量。

我们要相信，这个世界会因为我们的改变而变得处处充满温暖与活力，而同时也会给我们自身带来累累硕果。

爱始于一场美丽的误会

做女人一定要经得起谎言，受得起敷衍。忍得了欺骗，忘得了诺言，放得下一切！最后用笑来伪装掉下的眼泪！宁愿相信这个世间之美好，痛并快乐着，也不要因为一时的伤害，而拒绝错过人生中那些美丽的误会。要知道美丽的女人都是一次次美丽的邂逅所孕育出来的。人因误会而认识，因了解而分开，而误会才是人生！

——了凡

“爱一个人爱了很久，编织了两人未来的梦。坚信这就是一辈子了。有一天却忽然发现，原来并不是自己所想象的那样，原来两人早已走上分岔路，渐行渐远……终于，走不下去了。那么，曾经拥有的美好爱恋难道都只是一场美丽的误会？”

以前当我听郑秀文的《美丽的误会》时，心里莫名的像被割裂了般生疼。

年轻时谁不曾渴望过天崩地裂的爱情？可是当浪漫的爱情一旦被牵扯进现实的围城，那一切梦幻与激情都好似被一盆冰水当头淋下，现实是血淋淋的，曾经的海誓山盟突然变得那么不真实，曾经的一切都好似海市蜃楼，虚无缥缈，可望而不可及。

但年轻时我们都相信过这样的海誓山盟：**“上邪！我欲与君相知，长命无绝衰。山无陵，江水为竭，冬雷震震，夏雨雪，天地合，乃敢与君绝！”**原本以为可以地老天荒的爱情，原本以为可以一辈子牵手不离不弃的爱情，在婚后却突然间变了味道。

当你需要他陪伴时，他却在与铁哥们儿一起喝酒斗地主；当你需要他和你聊天时，他却在电脑前关注他的股票。

此时，他的每句话，在你耳朵里都成了敷衍，成了刺耳的丧钟。

此时，你发现他曾经的甜言蜜语也不过是美丽的谎言。

在失落中，你会发现，你们两人的结合只不过是一场美丽的误会。

此时，你会后悔，还会怨天尤人，怪他不陪你逛街，不陪你看电视，不陪你散步，不陪你旅游……不管怎样，此时你看不到他的任何好处，也看不到他对你的任何关心，你整个的身心已经被那些失望填满了。

其实，这些失落，不过是婚后的一种不适应的症状而已，并没有你想象得那么可怕。

男人为阳，女人为阴，男人大多是外向的，喜欢交际，喜欢朋友喝酒打牌。在婚前，为了陪女友，他已经牺牲掉许多陪朋友的时间来迎合你，聪明的女人应该理解，男人陪你的时间少了，并不是不爱你了，而是他们天性的需求。

男人和女人毕竟是两种不同属性的动物，他可能喜欢政治、喜欢体育、喜欢股票，这些都无可厚非。但你别以为他们整天沉浸在自己的喜好里便是在故意忽略你，这些只是他们的个性需求而已。他对你的爱一分一毫也没有少，唯一不同的是，在婚后，他会更多时间专注于爱好，而专注于你身上的时间会相对变少。这一点，如果你不能理解，那只能庸人自扰。

此时，夫妻相处的一个重要法则是距离，距离产生美，给他一些空间，也给你自己一些空间。

如果他没有恋爱时那么关注你，没有那么多时间来陪你逛街看电影，没有那么多浪漫来迎合你，不要怪他，你可以利用这些时间发展自己的爱好，你可以学习你喜欢的东西，比如音乐、画画、服装设计、美食烹调，那些年轻时你喜欢过却没有时间学的东西都可以学。

你可以让自己的生活更精彩一些，这样你就不会太过依赖一个男人的关注，当你身心充实时，你会发现你一个人也会过得很幸福。要知道，一个懂得适时独立，适时依赖男人的女人，才是真正会生活的女人。当然，你也可以偶尔到闺蜜那儿小住一段时间，或偶尔自己出去旅游一番，营造你们之间的距离，会让他永远觉得你是新鲜的，永远都保持想探知你的欲望。

所谓小别胜新婚，便是此中道理。男女之间若失去了距离的朦胧美感，就会慢慢产生倦怠的感觉，久而久之就会让感情趋向淡漠，闹到分手的结局。

换位思考，了解爱的意义

生活中，最亲的人总是用你最讨厌的方式来保护你。最恨你的人总是用你最喜欢的方式来迎合你。大凡最后成为敌人，生死不相往来的，往往都是开始喜欢得不得了的那个人。生活中，真正相濡以沫，记忆犹新的那个人，最初的缘起，其实都是平淡不屑，让你模糊不清的琐碎，甚至都是一些让你讨厌的画面。

——了凡

在一段婚姻的磨合中，除了懂得妥协，除了懂得美丽的谎言，除了睁一只眼闭一只眼，也要懂得分辨什么是真正的关心，应该以何种方式爱对方。

小时候，我们常常不耐烦母亲的唠叨，每次出门前都会叮嘱你多穿些衣服，有没有带雨伞等。

恋爱时，我们也时而会厌烦，他为什么总是告诫你，不要随便接受别人的邀请，哪些男人对你不怀好意。或许，你会常常觉得他太小心眼，他在吃醋。其实，他真正想要做的是保护你，只是他的方式让你觉得讨厌，但他的出发点都是因为爱，因为他太爱你。

结婚后，他会变得更唠叨，时常会提醒你在工作时要多看别人脸色，不要强出头。

如果你告诉他和哪位同事发生矛盾，他还会莫明其妙找对方谈话，让你尴尬不已。

久而久之，你便不愿将心烦的事情告诉他，因为他每次处理的方式都让你接受不了。

我的朋友给我讲过这样一件事：

她的先生和她同一个公司，两个人都是部门经理。有一次总裁因为她工作失误训斥了她几句，让她非常难过。这事情让她先生得知后，马上跑去找总裁面谈，大意是我老婆平时工作尽心尽力，她只是不小心犯了一个小失误，你没必要对她发那么大的火吧，希望您以后对我老婆客气些。总裁当时也认识到自己态度上的失误，向她先生道了歉。

但此事让我朋友很生气，她觉得她先生很不给她面子，他这样去找总裁谈话，让她以后的工作很难开展，最后她一气之下便辞职离开了那家公司，和她先生的关系也闹得很僵。

其实，旁观者一看便知她先生是在保护她，只是这种方式让她不能接受。

因此我们说：爱，不是单方面的，爱需要换位思考。一个人在付出爱的时候，一定要顾及到对方的感受。如果对方欣然接受，爱就是正确的，良性的；反之，爱就是一种伤害，一种负担。不能设身处地站在对方位置上想的人，永远无法明白对方真正想要的是什么。这也是为什么一对很相爱的夫妻，最后却闹到分手这一步的真正根结。

用了凡因语理论来解释，这也是一种阴阳场态互换的效应。当你爱的方式出现偏差时，即使出发点是好的（阳性），也可能导致不好（阴性）的结果。而为了避免这种由阳转阴的不好局面，唯有我们先去学习它，了解它，才知道在生活中如何应对。

像上面故事中的这对夫妻，其实他们完全可以坐下来好好沟通的。如果她不喜欢他这么做，可以告诉他，以后他可以在做之前和她商量一下，或者用她喜欢的方式来解决，这样就可以避免更多的误会发生。

有这样一对年轻夫妻，丈夫很爱妻子，但太过分的溺爱却让妻子感觉喘不过气来。

一次，妻子吃鱼时不小心被鱼刺卡住了脖子，怎么也取不出那根刺来，丈夫急得不行，最后只有开车带妻子去医院将鱼刺取了出来。这原本只是一个偶然事件，但是从此后，丈夫为了妻子的安全，不再让她吃任何海鲜和鱼，甚至与骨头有关的食物他都小心翼翼。

妻子最后再也忍受不了丈夫的爱，最终提出了离婚。

其实，这对夫妻原本可以很幸福的，谁都看得出丈夫对妻子无微不至的爱，然而最终他们却以分手收场。那根鱼刺，就像是卡在他们生活里的刺，拔不出来，拔出来后还是会痛入骨髓。

鱼刺事件，虽然看似一个偶然事件，但用了凡因语的生命哲学来分析，其实它是对他们婚姻的一个预警。鱼刺卡住了脖子，代表他们之间在沟通上出现了问题。

但故事中的丈夫对这样的事件并没有引以为戒。而是以更过激的态度扼杀妻子的自由，他不让她吃任何与刺有关的食物，以此推断，那他平时也会以安全为由限制她的生活自由。

比如她和闺蜜出去逛街，她和朋友出去旅游，她参加朋友的聚会等，他都可能会以爱的名义无情地限制。

从生活的小细节，可以推断出这个男人在生活中对妻子的专制，从不顾及妻子的感受，这也是婚姻生活的致命之处。

所以，这位妻子之所以会提出离婚，并不是仅仅是因为鱼刺事件，而是婚姻中种种不愉快累积的爆发，鱼刺事件不过是一个导火索而已，而症结却是根深蒂固的夫妻关系的不和谐。

显然，当我们的婚姻中出现这样的预警，代表我们要检讨自身。

你说你爱他（她），所做的一切都是为他（她）好，但是你有没有问过自己：你是否给了他（她）足够的自由？你是否给了他（她）足够的信任？

如果你能想明白这一点，那么，你们的爱情，你们的婚姻才是真正的牢不可破。

爱不得法，必成债

一个人除非是还债，否则，无原则的迁就一定是在放债，且还是高利贷！

——了凡

很多年前，我还是小学生时，看了一部名叫《少年犯》的电影，当时给我的印象极其深刻，也是第一次知道原来父母的溺爱和一味的迁就会酿成悲剧。无独有偶，前些日子看了一个电视节目，内容讲的是一位老父亲准备卖肾养自己的儿子，但儿子不仅不感恩，还把老人骂得低头不语，最让人忍无可忍的是，这个儿子为了娶老婆，竟然让老人签订负担孙子赡养费的协议。

很多人看了这个节目感到痛心，可感到痛心的同时，我们更应该沉思，为什么会出现这样的事情？是人伦道德的沦丧还是人性的泯灭？其实最根本的原因还是出在这位父亲身上。从佛教因果的角度来讲，这位遭罪的父亲前世一定欠了儿子，这辈子是来还债的。而从五行生克的理论来说，如果父亲不能制约儿子，儿子强过父亲，就会反过来克父。

想想看，如果这位父亲不是一味地迁就儿子，毫无原则地妥协，儿子会如此张狂吗？所以说，当孩子还小时，要用古圣先贤的知识来教化他，用仁义礼智信来制约他，不要让他长成顽石时再去雕刻，那时已为时已晚。当孩子有一天长大成人，比父母还要强大时，他的心智未受仁义礼智信的教化，不懂得孝敬父母，更不会尊师重道，更别说事业有成了，一个不孝不忠的人，拿什么来感恩双亲和社会？拿什么来成就事业？

真正合格的父母，真正懂得爱孩子的父母，不仅要懂得拿捏爱的分寸，还要懂得生克原理，不要等到子女走上了邪路才来后悔，适当的管理与知识的教育相结合，才不至于让孩子偏离正确的成长轨道。

所以说父母的溺爱在某种意义上就是放债。而且是高利贷。终有一天子女会还给你，但不是还给你爱，而是无休止的物质欲望与无休止的折腾。

前些天看了一个关于亲子方面的电视节目，内容是讲一位离婚后辛苦拉扯儿子长大的母亲，儿子已经26岁，可依然离不开母亲。原因是他的母亲平时对他十分严厉，什么事都管，当她在外出差时，为了让儿子有钱花，她只能将钱分成几处藏在家里，当儿子需要用钱时就向母亲求助，母亲便抛给他一个锦囊妙计，让他找到一处藏匿的钱维持生计。

有人会很奇怪，为何这位母亲不能一次将钱给儿子呢？

原因是这位儿子是个花钱如流水的败家子，如果他手上拿到很多钱，他会很快将它花完，连生活费都不会留下。据他自己说。有一次他三天花掉了一万多块钱。这样大手大脚花钱的败家子。难怪他母亲不会放心给他钱。

可以看出，这个故事里的母子都是有问题的，母亲在离婚后觉得亏欠儿子，所以在生活中她会抱着一种补偿心理来对待儿子，对儿子有求必应，尽一切能力来满足儿子的需要。正是这种不健康的爱，才会导致儿子26岁依然无法独立。

这样的例子在现实中有很多。**当今中国家长的教育用五行来表示就是木多火塞的格局。**生活中我们都生过炉子，开始引火必须用干草，然后再放些枯枝让火慢慢燃起，一旦柴木放入过多过急，炉火就会缺氧而熄灭。此理人们皆知，可怜天下父母却不知，一味地填充他们对子女的爱，且都是以自己的方式给予，最后没有空间呼吸的子女都会奄奄一息！

现在中国有许多被宠大的八零后、九零后的孩子，他们不懂感恩，因为父母一味地望子成龙，将所有希望都寄托在他们身上，给他们锦衣玉食，给他们安排诸多的学习培训，让他们累得喘不过气来。但这些父母还以为这一切都是为了培养孩子，都是出于一种爱，却不知这样的结局是将孩子推向了另一个极端。

因为他们在一味培育孩子技能的同时，却忽略了孩子心灵的成长，忽略了仁义礼智信的传统文化的教育。而在这种环境下成长的孩子，大多脆弱、敏感、自私自利、以自我为中心、行为叛逆、不懂感恩、缺乏同情心。也难怪等他们长大成人后会变成混世魔王或冷漠的啃老族，但这一切都是他们的父母亲人一手造成的。

爱的给予一定要理性，无原则无节制的爱不是爱，是债，是毁灭，最终的结果会逼死这些充满青春活力的祖国花朵。作为父母，我们最需要做的就是反思自己爱的方式究竟是不是可行的。

从五行生克，看待爱

不是所有的相生就都好。所谓好，就是合适的，且还要加上时间单位，是当下的，过去的，还是未来，都不能同日而语。此一时彼一时，任何事物永远都处在阴阳的变化当中。

——了凡

五行相生：金生水，水生木，木生火，火生土，土生金。

五行相克：金克木，木克土，土克水，水克火，火克金。

“顺则凡，逆则仙”。一般人都喜生厌克，而成功之人则反过来，皆好克厌生。

那么，到底是生好还是克好？还得辩证来谈。

比如：水生木。

水为木的母亲，木为水的儿女，母亲拿水来浇灌看上去是好事，但是浇什么样的树木还是花草，多大的水，又决定了木的命运好坏。所谓“一阴一阳谓之道”，给事物要定出吉凶，首先要分出阴阳来。

当木为阴木为花草之时，母亲就只能用小喷壶去润洒。一如闹肚子，脾胃太虚之人，也只能喝些小米稀粥，若食山珍海味，就是弱不受补，自讨苦吃。

现实中，许多望子成龙，望女成凤的父母，强迫孩子做不喜欢的事，妄图将他们培养成神童或栋梁之材，但却不知道拔苗助长的危害很可能让他们过早地夭折。

高占伟是一个普通的打工仔，他望子成龙心切，在儿子龙龙4岁半时就制定了“超级神童训练计划”。孩子在长期超负荷的高压下身心俱疲，最后导致多种语言混淆、失语。

什么原因导致的呢？原来他的家人让他每天从6点开始学习，直到深夜9点才让孩子休息。前三个小时由妈妈给龙龙上课。课程是日语和数学，中间三个小时爸爸教他语文和英语，后三个小时是在父母的监督下完成当晚的作业。这样算起来，龙龙每天的休息时间包括午睡在内只有六个小时。

对于一个不到五岁的孩子来讲，这无疑是残忍的。贪玩是孩子的天性，而故事中的龙龙从小就被父母扼杀了天性，每天被逼着学外语，还要学父母老家的潮汕话和上海话。随着知识的不断加深，年幼的龙龙已不堪重负，他开始心情烦躁，时常失眠，以致后来龙龙不堪重负而失语。此时大梦初醒的高占伟才意识到了事情的严重，开始带着龙龙四处求医。经医生检查发现，龙龙的大脑中枢语言程序错乱，面部肌肉由于练口型疲劳过度，产生神经性抽搐，并患有儿童孤独症等多种心理疾病。医生嘱咐高占伟立即给孩子“松绑”并积极进行心理治疗，否则，将会导致小儿脑瘫。

这就是一个典型的“拔苗助长”的故事，父母亲因为望子成龙将孩子逼得失去了自由，原本天真可爱的孩子，原本可以自由玩耍的孩子却早早地戴上了枷锁，丧失了原本属于自己的美好童年。

看到这样的故事，天下所有望子成龙的父母们你们还会不顾子女的健康成长，早早地将他们桎梏在学习的牢笼内。让他们过早地失去孩子的天性，过早地承受成人的超负荷心理压力吗？

所以了凡因语告诉我们，不是所有的相生就都好。所谓好，就是合适的，且还要加上时间单位，是当下的，过去的，还是未来，都不能同日而语。此一时彼一时，任何事物永远都处在阴阳的变化当中。

反过头来讲，当木为阳木为参天大树时，母亲拿不拿水来浇灌都无关紧要。一如小孩早已断奶，没有母亲的奶水，照样还可以有很多选择，如：吃面条、喝粥、啃馒头都可以养活自己。实在不行饿他一天也都无关紧要。

当一个人真正长大成熟时，他对外界的要求其实只会越来越少，也会越来越随意。

相生，不一定就好。爱也是一样，只有符合孩子正常需求的爱，才是真正意义上的爱。

事事随喜，人间皆是好风景

当我们不能一下改变这个世界时。我们可以改变自己的心态来迎合它。

那时你会发现，不和世界抗争，世界也会以微笑来接纳你。正所谓人生万事随喜，沿途尽是好风景。

点灯点心灯，处处皆光明

学生准备好了，老师就会出现。你到了哪一级能量便与哪一个层次的老师有缘，一点也勉强不得。要知道你现在已经达到什么层次。只要看你现在所从师的师质与你当下看的什么书和交的什么朋友就知道了！我们在生活中所经历的一切好坏都是我们内在心智模式的放大和外延！

——了凡

古人言：人之初，性本善。在一个初生的婴儿眼中，光明就是光明，善良就是善良，不造假，不隐瞒。为什么家长在孩子很小的时候就特别注重教育，因为幼儿时期的孩子是最容易塑型的，你怎么教，他就怎么学。《三字经》写道：“昔孟母，择邻处，子不学，断机杼。”可见环境对孩子的未来影响深远。当年孟子的母亲，为了给孟子营造一个良好的学习环境，不辞辛苦三迁其家，为孟子之后的成就奠定了坚实基础。

而现在，许多父母虽然已经认识到教育的重要性，但很多家庭为了让孩子进入名校，不惜拉关系走后门，借钱也要让孩子进所谓的重点学校。其实，环境不仅是指学校，还有家庭环境、邻里环境、周围朋友的环境，这些都会直接影响到孩子的成长。而父母的言传身教更是至关重要的一环，教会孩子自助的同时，也帮助他人，是孩子成长过程中必须具备的美德。

以前听过一个《盲人点灯》的故事：

一个禅师走夜路，因为路太黑，行人之间难免磕磕碰碰，禅师也被行人撞了好几下。他继续向前走，远远看见有人提着灯笼向他走过来，这时旁边有个路人说道："这个瞎子真奇怪，明明看不见，却每天晚上打着灯笼！"禅师听了觉得非常奇怪，等那个打灯笼的盲人走过来的时候，他便上前问道："你真的是盲人吗？"

那个人点头说："是的，我从生下来就没有见过一丝光亮，对我来说白天和黑夜是一样的，我甚至不知道灯光是什么样的！"禅师听了很迷惑，又问道："既然这样。你为什么还要打灯笼呢？你甚至都不知道灯笼是什么样子，灯光给人的感觉是怎样的？"

盲人说："我听别人说，每到晚上，人们都变成和我一样的盲人了，因为夜晚没有灯光，所以我就在晚上打着灯笼出来。"禅师很受震动，感叹道："原来你所做的一切都是为了别人！"

盲人沉思了一会儿，回答说："不是，我为的是自己！"

禅师更迷惑了，问道："为什么呢？"

盲人答道："你刚才过来有没有被别人碰撞过？"

禅师说："有呀，就在刚才。"

盲人说："我是盲人，什么也看不见，但我从来没有被人碰到过。因为我的灯笼既为别人照了亮，也让别人看到了我。这样你们就不会因为看不见我而撞到我了。"

禅师顿悟，感叹道："我辛苦奔波就是为了找佛，其实佛就在我的身边啊！"

正如这个盲人所言，其实我们点灯照亮别人的同时，更照亮了自己。

助人者自助，渡人者自渡。然而，现实中有很多人不懂得这个道理。

从了凡因语的另一个角度来分析。盲人照亮自己时，也吸引更多的人看到他。因为盲人身上的"亮光"即他身上的能量，当亮光强时，他吸引的人多，照亮的人也自然多。

我还曾看过一则这样的故事，相当感人。

某天一对夫妇坐车回家，当他们拿着票找到位子的时候，却发现有位女士已经坐在了其中一个位子上。老公没有说话，只是示意妻子先坐在那位女士旁边的位子，却没有请她让位。

后来这对夫妇发现原来那位女士右脚有点不方便。就这样老公从嘉义一直站到台北。下了车之后，妻子心疼地问老公："让位是善行，但从嘉义到台北这么久，你为何在中途不请她把位子还给你，换你坐一下？"老公听了。笑着说："人家不方便一辈子，我们就不方便这三小时而已。"妻子听了老公的话无比感动！

俗话说：与人方便，与己方便。这位男士能如此大度地给人行方便，让自己不方便，这是一种怎样的气度？其实，在生活中，我们只须转念一想，世界可能从此不同，我们的生命也会因为我们的转变而变得与众不同。

我们应该时刻记得。帮助别人也就等于帮助自己。

当我们自己怀着一颗善心帮助他人时，也会同时遇见生命中的贵人，他可能是我们人生道路上的恩师，也可能是我们前进路上的助力，更可能是我们亦师亦友的上司或者下属。

用了凡因语的感召理论来说，当我们帮助他人时，我们同时也向外散发正面的能量，而这种能量也同时会感召同频率的善心人及贵人。而帮人除了让自己身心愉悦，更能调整我们对待生活的态度，同时调整我们的气场。当我们以积极向上的心态来处世时，身上的场态也同时呈现阳性，此时所有阳性的物体和人都会被我们感召前来，我们的生命也会因此变得更有能量。

有时候，我们的爱心就像一枚小小的火柴，能够照亮别人，也能温暖自己。爱心能积少成多，汇聚到足够的能量，便能照亮整个地球，普照人间大地。

荀子言：不积跬步，无以至千里；不积小流，无以成江海。滴水都可以穿石，何况我们十几亿人口的泱泱大国，只要人人都能点一盏照亮他人的灯火，这个世界必定是处处光明。

若无分别心，都是好境遇

在人之上，要把人当人；在人之下，要把自己当人。风水轮着转，花开时要学会呵护脚下的小草；冬来时洁身自爱，点一盏心灯，让自己永远都置身于光明的火海之中！富贵不淫，贫贱不屈，方能在未来平淡的日子安于平淡！

——了凡

佛家讲：福人眼里看不到不好的事情。这就是无分别心的最佳阐释。人要学会谦卑处世，无分别心看人，把身边的任何一个人都当做自己人生路上的老师，一定会得到意想不到的收获。孔子当年曾拜七岁孩童项橐为师，因为他能让一代圣人尊称为师，后世之人便尊称他为圣公。孔子能不顾年龄，尊称一个小孩为师，这不仅体现出一个儒学大家的超凡气度与虚怀若谷，也说明了孔子无分别心的大智慧。在他眼里，七岁孩童和自己并无区别，所以，他不认为自己以儒学大家的身份向一个孩童请教是一件羞愧的事情。

如果我们每个人能做到无分别心，那么，立足于世，也就没有境遇好坏之分了。

从前，有位女施主家境很富裕，无论其财富、地位、能力、权力，还是漂亮的外表，都无人能及，但她却还是郁郁寡欢，连个谈心的人也没有。于是她就去请教无德禅师，询问如何才能具有魅力以及赢得别人的喜爱。无德禅师告诉她："你能随时随地和各种人分享和合作，并具有和佛一样的慈悲胸怀，讲些禅话，听些禅音，做些禅事，用些禅心，那你就能成为有魅力的人。"

女施主听后，发问："禅话怎么讲呢？"

无德禅师回答："禅话，就是说欢喜的话，说真实的话，说谦虚的话，说利人的话。"

女施主又问："请问禅音怎么听呢？"

无德禅师回答："禅音就是化一切音声为微妙的音声，把辱骂的音声转为慈悲的音声，把毁谤的音声转为帮助的音声，哭声闹声，粗声丑声，你都能不介意。那就是禅音了。"

女施主再问："那请问禅事怎么做呢？"

无德禅师回答："禅事就是布施的事，慈悲的事，服务的事，合乎佛法的事。"

女施主更进一步问："禅心怎么用呢？"

无德禅师回答："禅心就是包容一切的心，普利一切的心。"

女施主听了之后，一改从前的傲气，在人前不再夸耀自己的财富，不再自恃的美丽，对人总是谦恭有礼，对眷属尤能体恤关怀，不久她就被尊称为"最具魅力的施主"了。

为何一个如此富有而美丽的人却无法感受到快乐与幸福?

因为她有分别心，她以为自己与众不同。以为自己比任何人都高贵，她高高在上，她的心只能是孤独的。殊不知任何事物，任何人，本身并无高低尊卑之分，得势得位就显得高贵，不得势不得位就显得卑贱。生活里处处有禅，只要我们也能按照无德禅师的话来为人处世，我们也会成为一个有魅力的人。一个人只要明白，无论这一世如何富贵，如何风光，最后都不过是过眼的云烟，等我们离开时，什么也带不走，一切不过浮云苍狗。明白这些，很多名利物欲我们就能看得淡泊一些。

其实，那位女施主只是改变了一下处世方式，将利己变为利他，将过去自私傲慢的炫耀变为平等的分享，生活便起了质的变化。

君子安贫乐道，富不失节，穷不失义。三十年河东，三十年河西，人的际遇总是不断轮回。一个真正懂得完善自我的人，不会永远处于人之下。而当有一天他成为人上人时，他也能以平常心对待身边的人和事。

富贵不淫，贫贱不屈，是我们处世的准则。

所以孟子说：古之人，得志，泽加于民；不得志，修身见于世。

一个人如果得志与失意时都能把握自我，处变不惊，心无分别，那他一定是个了不起的大德之人。一如佛家讲，爱人如爱己，天下的女人都是自己的母亲，天下的男人都是自己的父亲，天下的孩子都是自己的孩子，如此，便没有了分别心，心中的爱才能升华为大爱。

孽缘、善缘皆有定数

男人的谎言可以骗女人一夜，女人的谎言却可以骗男人一生。不管是骗一夜，还是骗一生，前提必须有缘。两者不同的只是所骗程度大小。这个要取决于你前世欺骗对方多少来决定。爱，就是索债还债。骗也是一样，大家都是彼此的有缘人也是彼此的冤家。今生的最爱就是你前世的冤家，不是冤家不聚头！

——了凡

男女之间的缘分有善缘，也有孽缘。

以前我读过一个很感人的佛学故事《前世是谁埋了你》，分享给大家看一下

从前有个书生，和未婚妻约好在某年某月某日结婚。可到了那一天，她却意外地嫁给了别人，书生受此打击一病不起。家人用尽各种办法都无能为力，眼看奄奄一息。这时，路过一游方僧人，得知情况后决定点化他一下。僧人来到书生床前，从怀里摸出一面镜子叫书生看。

书生看到茫茫大海，一名遇害的女子一丝不挂地躺在海滩上。

路过一人，看一眼，摇摇头，不理不睬地走了。

又路过一人，将衣服脱下，给女尸盖上，也走了。

再路过一人，走过去，挖个坑，小心翼翼把尸体掩埋。

书生正疑惑间，镜子的画面切换，书生看到自己的未婚妻正在洞房花烛，当她被丈夫掀起盖头的瞬间……书生不明所以，僧人解释道：看到那具海滩上的女尸吗？就是你未婚妻的前世。你是第二个路过的人，曾给她盖了一件衣服，她今生和你相恋，只为还你一个情。但是她最终要报答一生一世的人，是最后那个把她掩埋的人，那人就是她现在的丈夫。书生大悟，马上从床上坐起，从此病愈。

这个故事是在开示世人，男女间的缘分是怎么修来的。

世间的爱情与婚姻，无外乎善缘与孽缘。也许前一世你们相遇过，他为你无偿地付出，但并没有感动你。也许前一世你们相约过，来世还要找到对方。

佛说，前世千百次的回眸，换来今世的一次擦肩而过；十年修得同船渡，百年修得共枕眠。今生能够走进你生命，愿意待在你身边，为你无偿付出真爱的人，不知要修多少世才能换来这份缘。所以，当你决定牵一个人的手时，你能做的和必须做的就是要给对方幸福，一个不能给别人幸福的人是不配得到幸福的。而且，如果你没有珍惜这一世的缘分，那么下一世你们再不会相遇，即使相遇结下的也是一份孽缘。

总之，无论怎样的缘分，这一世再相遇便是另一份缘起，如果我们能够牵手就不要伤害对方。如果只是有缘无分，那也不必太灰心，属于你的缘分总会在某处等着你。此时，你只须放下你的假面具，回归真我状态，你的灵魂伴侣便会被你感召而来，他（她）会在很远的地方就能闻到你身上的味道，感受到你灵魂的光焰。所以说，当我们把在红尘中浸染已久的俗气全都放下的时候，源自心底的真爱就会显露出来。要知道，这世上能够走进你灵魂的爱，一定是世间万物都无法比拟的，那是与你的身心完全契合的爱。

佛家讲定数，姻缘也一样，是善缘还是孽缘，命中都已经安排好了，而我们要做的就是等待缘分水到渠成的那一刻，在此之前，我们只须付出我们最真的心就好了。

万事随缘不攀缘

达真堪布上师说：我们总是喜欢攀缘，不肯随缘。原因是什么？就怕不顺利。但是攀缘是不会得到顺利的，即使顺利也是暂时的，不会有永久的顺利。只有一切随缘，才能一切顺利；只有永久的随缘，才有永久的顺利。

——了凡

这世上，能够相遇相知并相爱的人，那一定是你前世的冤家或有缘的人。

当你在芸芸众生中，终于发现你的目标，当你认定他（她）就是一生相随的人时，如何才能吸引他（她）的注意，让他（她）和你相应？

第一次相遇，你可以让他（她）先注意你，此时眼神是最微妙的媒介，它是心灵的窗户，是人体元神的流露。你们的眼神的接触就是能量交汇的起点。如果你觉得此人似曾相识，那么很可能你身上的能量与他（她）产生相互共振，这便是一个很好的缘起。

有的人第一次会上前寒暄，留下电话号码或联系方式，这基本是现代城市快节奏生活衍生的快餐式爱情。两个人如真的有缘，第一次即使并没有真的接触，只需眼神的交流也能留下唯美的记忆。你只需相信，有缘的人，你们总会在某处相遇，不仅是一次，还会有第二次，第三次。

只相遇一次的人，那叫有缘无分；只相遇两次的人，那叫情深缘浅。

起初，你只需用意念想着他（她），用心去感应。那么他（她）一定能接收到你的能量信息。

第二次相遇，你可以上前礼貌地搭讪，只需用真诚的心，真诚的话语告诉他（她）你内心的真实感觉。这世上唯有真心是无法抗拒的，哪怕是对于只见过两次面的陌生人。

此后，你们可以互通信息，当然沟通方式并不重要，重要的是要用一颗接纳真爱的心，去感应你内心的爱，并将这份爱毫无保留地传递给他，只有这样，你才能得到相等的回应。

印度灵性导师克里希那穆提诠释的爱是这样的：“所谓的爱是属于不同次元的一种东西。但若是不知道该如何进入那美妙的源头，又该怎么办呢？当你不知道该怎么办时，就什么也不要做，不是吗？就是这样，什么都不要做，然后你的心就完全寂静了，不再渴望，不再追求了。自我中心的活动一消失，爱就出现了。”

有时，我们付出的爱或许得不到相等的回应，对此你也不必忧心，这时，你只须回归婴儿的状态，无尘的快乐，内心归于平静，毫无怨言地付出你的真心。

有人说，爱是世间最美好的缘遇，爱是无私的，爱是相互间的交融，爱是两个孤独灵魂的相互碰撞，爱是火星撞地球的激情迸发，爱是彼此毫无保留的奉献。古往今来，多少文人墨客毫不吝啬自己对爱的咏叹和赞美，多少美好的姻缘令我们无限向往和感怀。所以，我们说爱是这世间最为美好的情感。

当你爱上一个人的时候，通常是不需要任何理由的。如果你爱一个人那一定没有道理可讲，那只是前生的缘分幻化成今世的牵绊，原本平静的生活突然被扰乱，原本平静的心突然纷乱如麻，此时你无法用理智束缚它，你不断地挣扎着，却又不断地沉沦，你舍不下，也放不开。但等到千帆过尽你终将会明白，其实爱情真的不可说，放在心里的东西永远都是最美的，怦然的心动，寂静的欢喜，只能悄悄地一个人品尝。所以，不要陷入爱的纠缠之中空悲恨，若是有缘，终能执子之手，与之偕老。如果不能，也不要攀缘，要知道，强求的爱一定不会幸福。

随喜，沿途尽是好风景

当生活中我们遭遇到不好的事件和违缘时，我们都要去正面思维，都要心存感恩，同时在生活中保持一分警醒，随时观察，随时觉知，看见好的事物、好的物象，要学会随喜，给他人一份鼓励，给自己一份认定；看见不好的场景和人事，马上要觉知那是自我内心的投射，要生惭愧心。福人眼里看不到不好的东西，一旦看见就要忏悔要反省，为明天后天我们要看到好的东西做准备！这就是了凡因语的全部心法！

——了凡

在讲随喜前，先和大家分享一个小故事：

三伏天，禅院的草地枯黄了一大片。

“师傅，草地没草了好难看啊！我们什么时候撒点草种子吧？”小和尚向师傅建议。

师父挥挥手说：“随时！”

有一天，师父上街买了一包草种回来，吩咐小和尚去禅院的草地播种。

播种的时候秋风乍起，草种边撒边飘，小和尚着急了：“师傅，不好了，好多种子被风吹飞了。”

“没关系，吹走的多半是空的，撒下去也发不了芽，”师父说，“随性！”

刚撒完种子，跟着就飞来几只小鸟在草地上开始啄食。小和尚一看急得跳脚，赶紧跑去报告师傅：“不得了了，种子被小鸟吃了！”

“没关系，小鸟饿了就让它们吃吧，不过，小鸟消化不了种子，种子只要落地在别处也一样可以发芽，”师父说，“随处！”

半夜一阵骤雨，小和尚早晨冲进禅房：“师父！这下真完了！好多草种被雨冲走了！”

“冲到哪儿，就在哪儿发芽！”师父说，“随缘！”

一个星期过去了，原本光秃的庭院，居然长出许多青翠的嫩草苗，一些原来没播种的角落，也泛出了绿意。

小和尚高兴得直拍手。

师父点了点头说了两个字：“随喜！”

何为“随喜”？随喜是佛家一种修心性、积功德的善心善行。比如你看见别人在做好事、善事，有能力帮助做、一起做就跟着做；如果能力、条件不允许你和他一起做善事、好事、有功德的事情，应该发自内心地赞叹善举。随喜是一种内在的喜悦，从你的心底流露，从你的气脉流淌，从你自在生活的快乐里，从你获得智慧的幸福里，从你证得真我的宁静里，从你和谐的家庭生活里，你都能感受到喜悦无处不在。

人们常说“随喜心处世，自在心为人”。一个“随”字，蕴涵许多人生学问，一个“喜”字，是多好的结果啊。它给人的是吉祥和喜气——凡事别难为自己，要开心和爽朗。其实，人的一生“不如意事常八九”，也正因如此我们才更需要“随喜”。只要我们肯换个角度去想。人的一生让我们随喜的事太多太多了。随时随地都可以随喜。随喜像快乐一样可以自得其乐，当然快乐的心情也可以传递给亲戚朋友和家人，但是快乐的心情需要自己去营造。

每天，当我们走在大街上，如果我们给陌生人一个愤怒生气的表情，显而易见，对方也会还你一个不爽的表情，你的心情会因此受到影响，这一天你一定不会快乐。

而如果，你每天都给身边人一个微笑，甚至是陌生人，他们也一定会报以微笑，你的心情也会随之变得轻松愉悦起来。

如果你不相信，从明天开始，你可以改变一下自己脸上的表情，你会发现以另一种视角看世界，看身边的人，以宽容的心来容纳这个世界，不抱怨，不愤懑，世界会变得格外不同。

你会发现，当你表情愉悦时，你的工作伙伴也会同样愉悦，你的工作状态也会同样愉悦，最后导致的结果是，一件工作任务的顺利完成，一个大项目的圆满成功，你的命运在一天天的改变中变得与众不同。这便是微观世界到宏观世界的改变，由量变到质变的改变。

当我们不能一下改变这个世界时，我们可以改变自己的心态来迎合它。

当我们改变自己的心态时，你会发现，不和世界抗争，世界也会以微笑来接纳你。正所谓人生万事随喜，沿途尽是好风景。

做自己的预言师，和未来相遇

对事物的态度，是一个人心相的反映，并不是卦师或者预测师有什么过人之处，他只不过抓住了物象、自然反应和人的心理活动的内在联系，通过解读把存在的吉凶祸福翻译给你。如果你能了解其中的精髓，你也可以未卜先知。

人是风水的灵魂

风水理论的宗旨是，勘察自然，顺应自然，有效地利用和改造自然，选择和创造出适合人的身心健康及其行为需求的最佳建筑环境，使之达到阴阳之和、天人之和、身心之和的至善境界。

——了凡

何为风水？风水原为相地之术，即临场校察地理的方法，古称堪舆术。

相传风水的创始人是九天玄女，比较完善的风水学问起源于战国时代。

风水的核心思想是人与大自然的和谐，早期的风水主要关乎宫殿、住宅、村落、墓地的选址、座向、建设等方法及原则，原意是选择合适的地方的一门学问。它以天地为观察了解对象，以人为依归，以人为服务目的，是一门实在的人本主义学问，并不是人们一般所认为的迷信学说。

越有名的风水师越好看风水，也越灵验。因为他所服务的对象均为高端客户群。他们的福报运势都决定了他们所对应的环境都差不到哪里去。什么样的人会住什么样的房，这也是古人所说的福人居福地的道理！

一般来说，合适的是最好的，福人居福地，人永远都是风水的灵魂。

居住环境与人的福气是相互影响的。有时候，搬到优雅舒适的地方后，家里人反而会频繁生病，这是自身修为与环境不相符，因为平时积福少，如果一味贪图环境好会折损福报。因此要做与自己的修为相称的事，不相称的不能做。

因为房子的风水会随着人的起心动念而产生阴阳的磁场波，当人的念头是符合规律的，那么就会形成阳性的气场，自然就会感召贵人和吉祥的运势；反之，就会形成破场的阴性风水。人和环境就如磁石和铁块的关系一样：磁性的大小决定吸引铁块的大小！难怪古人讲风水，是讲人与家居环境的和谐统一，风水是人与自然环境的和谐统一。

贵人气场大，自然要居福地。

因为一个人身上体内阴气和阳气的多少决定一个人外在世界看到的丑恶吉凶。当我们阳气旺盛的时候，所有的鬼魅和邪气都不敢靠近，所谓正气足邪气不能侵入，能近身的都是相同频率的贵人。

生活中很多人执着于风水，买房子、装修、摆设。什么都离不开风水。殊不知，人才是风水的灵魂，一个人如果心存恶念，贪财好色，即使居住的环境风水再好，也不能帮他消灾解难。这就是我们一直讲到福人居福地的道理。历史上有一个最著名的风水事件，也说明了这个问题：

中国古代有名的暴君秦始皇东游时，随行的术士徐福发现南京城东南方的方山显现出十分祥瑞的“天子气”，秦始皇对此很是不悦，他认为除了自己这世间便不再有任何人、任何物配有这“天子气”。于是他便以真龙天子之身下令镇压这“天子气”。

根据史料和传说，镇压“天子气”法术有三：一是让河道改变流向；

二是以神鞭凿藏气大山；三是易名，降低其名望。但是秦始皇万万没有想到，最关键的风水在于他自身，一个残暴成性的君主何以得民心，一个失掉民心的君子又何以统治天下？

显然，他的一番苦心使错了地方，在镇压了南京的“天子气”后不久，他就病死于东游途中，魂丧外域，他一心巴望万年不倒的秦帝国在其死后三年便轰然倒下。而南京的帝王之气根本未让秦始皇断掉，到汉时便有术士称，南京“黄旗紫盖，见于斗、牛之间，江东有天子气”。果然，此后不到500年，南京就出了第一位皇帝——公元229年，孙权在武昌称帝后，不久即迁都于南京，东吴大帝由此诞生。

可见，无论你如何改变风水，人的心念未有彻底的改变，那风水的助力也无法得以显现。试想，如果秦始皇在改变风水的同时，还德政于民，勤政爱民，那秦王朝恐怕不会那么快就崩坍瓦解吧？

所以，我们说人是风水的灵魂。当我们一心要改变住宅风水，改变自身运势时，可曾想过，真正要改变的是我们自身？当我们还在做着坏事，想着一切有悖伦理道德的恶事时，我们再如何改变风水都是无用的，只有同时改变我们自身的心念和行为才能和真正的风水相应，好的风水与人是合二为一的。如果人的道德沦丧，再好的风水也对人毫无用处。但世人多把眼睛往前看，多把自己往高处抬，豪气干云地认为人定胜天，却不屑认同这世间万事万物无不关乎因果。殊不知。命运风水、吉凶祸福、前生今世后世因果轮回全由自己造。等我们对此有所开悟，我们就能预知自己，预知和修正未来。

前生今世，并不是虚妄

前世当刽子手的人今世喜欢看人家的脖子，今生的嗜好和习气皆是上辈子的惯性使然。成功与非成功的区别就是看自己能否脱离这种先天惯性的多少。一个人的惯性就是一个人的特质所在，也即障碍所在。顺则凡，逆则仙，顺着习气走的就是凡夫。凡夫皆有定数。能逆而行之的才是佛，佛是已觉悟的人，命由自己决定。

——了凡

人性是由什么决定的？一个人的命运是如何造成的？为何有的人幸福美满，有的人却悲苦不已？总结古人先贤与现代科学理论，不外乎有四种结论：

一则是基因决定论，认为人的本性是祖先遗传而来。

而你后天的脾气好坏，则是你祖父母的基因决定的。

二则是心理决定论，它则强调人的个性是父母后天教化所致，是他们种下的因。

父母的教养方式与童年的经验会造就你的性格。你从小勇敢还是怯懦，皆因父母从小对你的教导有关；你大度还是自私，皆因父母从小对你的引导有关。

三则是环境决定论，认为环境决定了人的本性。

人一旦出生，周围的环境好坏，所处的人和事，例如亲戚、朋友、老板、配偶、子女等，或者因为个人家庭的经济状况好坏、国家政策等，都可能是影响因素。

四则是佛学讲的轮回转世论，认为人的本性是前世种下的因，轮回转世后还会受其影响。

这四种论述皆有它的成因，而了凡先生一心向佛，我们则以佛学为基础，来讲讲人性的本源。

为何一个人身上的贪嗔痴习性会带到下一世？

这其实是一种人性的惯性使然。就如一个人做多了坏事，他即使失忆忘掉所有事，但却无法忘掉他失忆前的恶劣习气，他还会习惯性地对身边的人恶语相向，习惯做伤害人的事。虽说人性本善，但人的良知一旦蒙尘，不借助圣人先贤的教诲或外力的教化，是无法自动向善的。

释万行上师开示道：临终一念至关重要，临终时你记得什么，就往生到什么地方去。如：你只记得佛，就往生佛国；如果平时只记得性欲，只想做爱，临终时比如还是记得性欲，毫无疑问必往畜生道去。生前的习气和嗜好决定了你临终后的去向。这一生的行为决定了来生的命运，你今生这个样子，就是前世遗留下来的习气，你今生有什么习气赶快突破吧，以免又带到来生。

众所周知，佛教一直提倡素食，反对杀生。一则为涵养慈悲，爱护弱小生物；一则为避免杀业，减少疾病和恶报。因为人生病也有两种根源，一则为饮食中病菌感染；一则为先世或今生所造恶业感召。病菌之病易治，而造业之病却很难医治。

如果世人皆素食，屠场自然也会停止杀戮。可当今之世，食肉者众多，而只为赢利的商人为了满足众生的食肉需求，处处开设屠场，于是世间血尸横陈，许多动物便成了人口中之美食。

所谓：**“千百年来碗里羹，冤深如海恨难平，欲知世上刀兵劫，但听屠门夜半声。”**

试想，屠场里血流成河，与战场上的尸骸遍野有何本质区别？

同样都是生灵涂炭，人类被屠杀与其他动物被屠杀有何分别？曾有和平人士感慨说：**“人是一切动物的主人，因为他的残忍超过任何动物，以别人的死亡换取自己的生命，我们的身体因此成了坟场。”**

欧美素食大会时有人曾慷慨陈词：**“要想避免人类流血，便从餐桌上做起！”**

从前有个大官，去见一位高僧。大官说，师父，你说这个肉，我是吃还是不吃？高僧说：不吃是你的福，吃了折你的禄。我们要选择积福还是折禄，是我们的自由。俗话说：禄尽则死。我们是要图一时的口福。还是要积累长久的福报，这都由我们决定。而一向以和平为写作主题的俄国作家托尔斯泰也曾说过：“当我们的身体是被宰杀动物的活动坟场时，我们怎能期望，这个世界能有理想的境地？”

大家都知道，当物体在高速运动时，要克服它的惯性冲力是相当难的。而一个人不论先天还是后天所养成的贪嗔痴习性，想改变也是非常难的。但每天当我们懈怠之时，记得写张纸条告诫自己，如果我们不能根除身上的恶习，我们就可能在下一世堕入阿鼻地狱，遭受炼狱的酷刑，或沦为禽兽，遭人践踏驱使。

这一世我们造的恶，总会在某一世受到应得的报应。

六道轮回是什么？佛学讲它是轮回的六个界别，第一道为天道，二为阿修罗道，三为人道，四为畜生道，五为饿鬼道，六为地狱道。前三者为善道，因其业力较善良，故轮回转世入善道；而后三者为下三道，也为三恶道，是因其业力较惨恶，所以轮回转世入恶道。

佛学讲轮回，而医学界则讲遗传，人的天性，有大部分来自父母的基因遗传。

不管是前世带来的天性，还是来自父母的遗传或后天的环境熏陶。不良的习气总会成为人前进路上的障碍。一个人想成功，只有克服这些不良习气的惯性作用，才能改变现有的命运，成就梦想。

性格决定命运，一个人的心有多大，舞台就有多大。

顺应习气，承受命运的人一辈子只能庸庸碌碌，成为凡夫俗子。而改变习气，勇敢正视自己的缺点，并努力克服它的人，最后往往都能成为人中龙凤。当我们了解这其中的因缘之后，我们就会明白所谓前生今世，并不是天方夜谭的事情，它是有因果联系的，而命运的吉凶和未来的祸福，也可以从我们自身找到答案。

由情绪变化预知吉凶

当今世界比过去更苦难！看人心就能看出世界的灾难，这是天人感应！当下流行什么风靡什么就昭示预言着什么，如“老鼠爱大米”在大街小巷传唱的时候，当年的粮食一定就会闹天灾，如今神曲“忐忑”的流行又对应着什么呢？你看看“忐忑”这两个字形，就会明白会发生什么事了。

——了凡

中国的汉字是最讲阴阳的，也最象形，心脏的上面一个“上”一个“下”来回牵扯，能让一个人如此不安，心生恐慌的只能是天灾人祸了。此曲的流行就是对应自然灾害的频频发生，我们要有所觉醒，大自然确实不堪重负了，我们必须从现在开始增强环保意识爱护地球，为我们的子孙后代创造一个美好的家园！

不要单纯地把情绪当做一种表情，很多时候，看世间万物的情绪，就可以判断出事物的吉凶祸福。

情绪到底能反应出什么呢？首先我们要了解情绪的定义。情绪是一个人内在的一种流露。情绪是身体对行为成功的可能性乃至必然性，在生理反应上的评价和体验，包括喜、怒、忧、思、悲、恐、惊七种。所谓的七情六欲是指人们与生俱来的一些心理反应。不同的学术、门派、宗教对七情六欲的定义略有差别，但七情六欲却是人类不可避免的。惯常的说法六欲是指：色、声、香、味、触、法；七情是指：喜、怒、哀、惧、爱、恶、欲。

正念的情绪可以锻炼我们的心智，比如慈悲心、欢喜心、忠诚心、友善心等。

负面的情绪也可以磨砺我们的心智，比如嗔恨心、嫉妒心、恐惧心等，如果能从中找到我们的弱点并加以克服，便能化负面能量为正面能量，这是佛学中修行所必须经历的。

一般来说，人逢喜事精神爽：爽——喜事——吉；压力——愁事——凶。

所以我们说，以喜怒哀乐的自然情绪就可直观地判断出一件事或一个人的吉凶祸福。

从易经的角度来讲，断卦首先找有没有压力，有没有轻松的那个爻，再找有没有克制压力，转换压力为轻松的那个爻。一般人只要有难事、障碍、矛盾，就会产生压力。所以透过压力即可推出事情的好坏吉凶。

发生任何事情好或不好，都会有压力来对应，它是一种预兆也是一种示现。如手术当天是全家人压力最大时，同时，也是解除压力生命康复希望时。压力即希望，烦恼即菩提！压力最大时是事物得以实现的最佳期，也是不二法门！

所谓“用神”不是喜忌，只是在本卦中整体起到好的协调作用就为用神；反之，就为忌神。好坏都在卦里的“结构”中，“万变不离其宗”，看卦象和生活一样，不要被现象所迷惑，不管它怎么变化，只抓本质。看卦就是透过花容月貌一眼看到骷髅。骷髅才是生命的本质。

断卦一定要描述事物发展的过程轨迹，不能直接标出结果。只要证据确凿了，犯罪人的真实面目自然就会浮出水面。真正的结果不是说出来的，而是随着蛛丝马迹慢慢显露出来的，根本无须言语。

乾卦的自强不息中一定包含有坤卦的厚德载物；而坤卦中的厚德载物也一定有着乾卦的自强不息。只有互为阴阳，方为大道。

看对方，是看那个人所在方位的环境、装饰和布局，而不是那个人。

用卦的整体结构及卦爻之间的关系去编造天下所有的人情世故，你，一定会成为高手！

万物是从最“静”的时候开始生长变化的。如：种子的生长就是看不见的。

预测走失的应期，没有压力时即是归期之日。

某次了凡先生正在看电视，电视里主人公的儿子要出国留学。此时一位客户急着打电话来询问他儿子的动向，因为他儿子早上去上学晚上还未回来。此时只需判断电视中的儿子出国是阴还是阳，便能判断出事情的吉凶。了凡先生据此卦象预测客户的儿子现在无大碍，只是被英语老师留下来谈话了。

大家会很奇怪为何有如此判断。其实，电视里的象只是一个外应，正好应了客户儿子在外未归的象，电视中主人公的儿子要出国是好事，此事为阳，而他现在还未出，只能算是还在准备阶段。

案例中的这位客户问儿子何时归家，很简单，当他担心的“压力”解除，也正是儿子归来之时。

其实事情就是这么简单，当我们想简单判定一件事该做还是该放弃时，可以仔细观察我们的情绪或者合作者的情绪，便能判定此事件是可以良性发展，还是终将毫无结果。

了凡因语的核心内容——知命改命的方法！也是心想事成的诀窍！一共八个字：反观内省，扫尘除垢。这就涉及到佛教修行的内容，先讲一个故事：

唐代，某书生问高僧“黑风吹到罗刹国”这句话是什么意思。老和尚眼睛一瞪，轻蔑地说：“就你也配问我这个问题？”书生当即大怒。老僧说：“这就是黑风吹到罗刹国！”书生当下惭愧不已。

可见，对事物的态度，就是你心相的反映，并不是卦师或者预测师有什么过人之处，他只不过抓住了物象、自然反应和人的心理活动的内在联系，通过解读把存在的吉凶祸福翻译给你。如果你也能了解其中的精髓，你也可以未卜先知。

未来命，需当下修

当一件事情已成定局，无力挽回时，我们不妨随性转心，以歪就歪地偷着乐。有时生活中的美妙也往往都是发生在绝处尽头，而峰回路转！

——了凡

所谓一命二运三风水，四积阴德五读书，六名七相八敬神，九交贵人十养生。

在我们的命运中，出生的时间与所处时代占据最重要的位置，无论你出生的命有多好，如果所处的是兵荒马乱的年代，那很多人的命还是如草芥般不能抗争。比如在每个地方的烈士陵园里，都有许多有名和无名的烈士英雄长眠于此，但是如果你仔细观察他们的遗相就会惊奇地发现，有许多人先天有富贵命或能保寿终正寝，为何最终都成了短命鬼呢？这主要的原因还在于他所出生的大时代，生于动荡的时代，注定个人的荣辱富贵都显得微不足道。

我们应当庆幸我们都生于经济发展且科技发达的和平年代，但这并不等于我们都会有好命，主宰我们命运的十项条件缺一不可，如果我们不能用自己的心念和行为彻底地改变我们的处世方式，通过积德行善来改变我们周围的环境，我们将一无是处，哪怕你出生富贵，也会像败家子一样千金散尽，成为一文不名之人。在我们身边就曾发生过这样一件真实的事：

前些日子，展智师兄在我们了凡宝轩为朋友请了一个护身符，12月

1 日下午 5 时他的这个朋友到关山雄楚大道上一个建设银行取钱，办完手续刚刚离开不到一分钟，该银行门前就发生爆炸，当场便造成过路群众数人死亡、多人受伤，他的朋友以一分钟之差。躲过了这场灾难。

对这件事，展智师兄提出了一个疑问：如果命运是先天注定了的，但是这件事又似乎太过于巧合，那到底是那位朋友命中本来就没有这场灾难？还是因为护身符发生了作用？

了凡先生说：命运的轨迹错综复杂，因缘果报，其中一个缘字可以转换很多东西，除却先天之说，我们针对这个护身符来讨论一下。其实，在这个事件中，护身符是一个助缘，而他后天的起心动念、行为处事让他在特定的时空场请到护身符，这说明是你这位朋友自身感召来的福报。你不妨这样来想，如果他平时为人处世没有善德，你又怎么会为他请护身符？这就是感召的力量，在面对这场灾难时，因为这样的一些助缘而让他鬼使神差地躲过此劫。但是佛经里面还有句话“万法皆空唯因果不空”，从另一方面来讲这场灾难只是让他暂时错过而已，因缘和合之时还会发生，所以他当下要做的就是再完善自己，保持一份积极向善的心态，多放生，做公益，积功累德，让这个灾难的缘滞后，成熟不起来。

自己的命，自己修。一个人的命运是好是坏，主要还是靠自己去引导。俗话说：天作孽，犹可违；自作孽，不可活。如果连自己都不肯好好善待自己，那这个人当真是无药可救了。

所以，不要一味地把希望寄托在别人身上，到处寻觅高师大德或拜神求佛，如果自身不修行、不向善，纵使观世音菩萨也不能帮你半分。想要自己的将来有福报得善终，那就要从当下开始做起，为自己的未来修行。

命运可以改变，幸福就在你的身边

我们并非不快乐，只是让思维定式蒙住了享乐的心。掌控意识，将日常生活中的点滴、将当下的每一个细节都转换为乐趣的泉源，才是我们最需要改善的。所以，只有把握当下，享受当下的人生，才能切身感触到幸福的喜悦。这样的幸福才是永恒不变的，不会随着你的幸福尺度变化而变化。

幸福生活，重在经营

一对默契恩爱的夫妻，他们是可以相互学习共同成长的，他们在遭遇困难时相扶相携，在快乐时彼此拥抱祝福，在受伤时相互安慰鼓励，在成功时分享彼此的成就与快乐。

心有挂碍，才是真爱

男人爱你的时候总会觉得你笨，处处要他担心；反之，他不爱你的时候，会觉得你聪明伶俐，不劳任何人操心，心中有碍才有爱，心无挂碍哪有爱？爱，就是懂了也要装作不懂，让男人我见犹怜、不娶了你就不放心！

——了凡

大多数男人爱女人时，不自觉地会扮演强者的角色，照顾弱小的女子是他们阳刚的天性使然。

自古以来，男人为阳，女人为阴，才会保持自然的和谐，阴阳的平衡，万物才能自然更迭。

所以，有些女人无论再怎么聪明，依然会主动在男人面前表现弱势的一面。所谓“女子无才便是德”，并不是说女子真的没有学识修养，而是要懂得收敛，懂得在所爱的男人面前扮演小女人的角色，懂得收敛锐气，以柔克刚。

我认识这样一位女强人，她是一家上市公司的采购经理，做事相当泼辣干练，和客户发生纠纷时，她比一般的男人还要强势几分。我总是无法想象这样的女人在家里的状态，我猜想她一定如一个母夜叉，她老公也一定是个妻管严，被她管得服服帖帖。

但某次当我去她家作客时才发现，她在家里完全是一副小女人姿态，扮得小鸟依人；而他老公在家里却是一副大男人作风，将她照顾呵护得像宝，在他老公眼里，他妻子原本就是这般柔弱，需要人照顾。当我好奇地问她为何在家里家外判若两人时，她却笑着说，这是做女人的智慧，一个女强人，在公司里如何强都可以，但在家里还是要做一个小女人，这样的女人才能得到真正的幸福。

男人喜欢扮演保护人的角色，这是他的阳性属性决定的；女人喜欢扮演被保护者的角色，这也是她的阴性属性决定的。一个聪明到无须男人照顾，有时还要处处照顾男人的女人，注定无法得到真正圆满的幸福。除非，她找一个对她俯首听命的小丈夫，那样的男人多半阳刚气不足、怯懦、没有主见——通常这样的男人没有担当，一旦遇到重大变故，只会采取逃避的方式。

所以，当一个男人时常照顾你、关心你时，不必逞强，女人只需扮一回弱者就行。

了凡因语：人们大多数只对有安全度的人发脾气。因为在那个安全度之内，你潜意识知道对方不会离开你。所以，胡闹也是一种依赖。当你总在某一个人面前随意发脾气时，你不妨考虑他或她可能是你一生要托付的人！当然，这个决定会长久些，最初你都不会去留意，他或她是在你阅人无数、身心俱疲之后你才会去想结婚的人。

生活中，当你发现有一个人能让你随心所欲地发脾气，任你随心所欲地胡闹，那一定是与你缘分极深的人。心理学讲，人的潜意识里，只有对最亲密的人才会产生依赖感，也只有能让你感觉安全的人，你才会随意地释放自己。而有些人，你却只能和他客客气气，礼尚往来，那只能称为君子之交淡如水。

幸福的婚姻往往是，有一个时常担心你的丈夫，无论你在工作时还是生活中，他都担心你无法应付，担心你受人欺负。心有挂碍才有爱，心无挂碍哪会有爱？

了凡因语：一个女人要是不幸聪明到什么都懂，那就必须同时懂得怎么伪装成什么都不懂。否则。只能痛苦烦恼一生！女人快乐的法宝就是简单，尤其是让那个爱你的男人觉得你很简单，是永远需要依赖他的！

每个人生于世上，都有自己的固定社会角色。

社会角色是指与人们的某种社会地位、身份相一致的一整套权利、义务的规范与行为模式，它是人们对具有特定身份的人的行为期望。莎士比亚说：“全世界是一个舞台，所有的男人和女人都是演员，他们各有自己的进口与出口，一个人在一生中扮演许多角色。”

真正聪明的女人懂得如何扮演她的各个社会角色——妻子、母亲、女儿、上司、下属。

懂得示弱，是聪明女人的优点。弱为阴，女人原本为阴性属性，这样才会生理平衡。

真正聪明的女人在职场叱咤风云，在家里依然可以风情万种；真正聪明的女人没有必要在任何人面前都表现得很强势，那个需要你软下来成为小女子的人，一定是今生最爱你的人。因为这世上，喜欢上你的人都是爱上你的灵魂，在真正爱你的人面前，你的缺点也是同样熠熠生辉的。

妥协，是经营婚姻的必要工具

女人发昏才是一个“婚”字！女人出嫁是无法和自己再继续独处了就嫁“惑”于人，想找一个男人来依靠。所以，世间很多浪漫的爱情故事皆因误会而认识，又因了解而分开。大凡独身的女人皆因太清醒或者太能干。婚姻不是爱情的坟墓，而是自我的妥协！

——了凡

中国汉字很奇妙，一个“婚”有几种解释。古时“婚”字通“昏”，即女子出嫁要在黄昏时，明月照路，犹如走着光明幸福之路，是吉祥的。所以，古代多是夜里娶亲的，新娘像太阳下山回家一样回归自己的夫家。

而单从字面意思来解释，现在的汉字“婚”，则为女子发昏为“婚”，这似乎也说明了一种阴阳规律。当一个女人处于激情澎湃的爱中时，往往昏昏沉沉，云里雾里，好似做梦一般，阳气太足的情况下，常常看不到对方的缺点，会毫无理由地遵从内心爱的感觉进入婚姻的围城。

而婚后，一旦爱情的激情潮水退却后，阴的东西便显露出来，对方的缺点便显露无遗。此时女人就会失望，以为自己是睁眼瞎，错识了人。

于是，世间便出现了许多离婚的怨侣，因为太过了解彼此而无法接受梦想的幻灭，只有选择分开。所以，太聪明和太清醒的女人往往单身的多，因为她们一旦发现男人身上的缺点，就不能轻易容忍，更不愿做“聋子”和“瞎子”。

她们固执地以为，可以找到她们理想中的男人，却不知每个男人身上的优点与缺点都是并存的，这是由阴阳规律决定的。

而许多时候，一个人身上的优点，即习气和特性，在某些时候却会转化成致命的缺点。

所以，优点与缺点也是相互转化的，没有绝对的好坏之分，只关乎你如何去看待它。

了凡因语：开始发现一个人的缺点同时又能包容，痛并快乐时，即是今生该娶该嫁的那个人。

小夫妻偶尔吵吵闹闹无关紧要，那是在慢慢磨合，吵后不必计较太多，能够低头，能够妥协认错是一种大度，也是对婚姻的负责。因为无论你婚前父母多宠爱你，以后要和你生活一辈子的人却是你的另一半，善待对方便是善待你自己，当你们关系和谐时，阴阳也就平衡了，生活自然会顺风顺水。

了凡因语的理论就是让我们辩证地看待世间万物，看待我们身边的人和事，这样不仅有利于我们趋利避凶，逢凶化吉，也可以促使我们反观自醒，找到更好的有利于婚姻建设的方法。只要我们明白什么才是我们真正需要的，就一定会猛然顿悟，原来，我爱他（她）并不是要占有他（她），而是让他（她）在我的身边更自由更快乐地成长。

所以，一对默契恩爱的夫妻，他们是可以相互学习共同成长的。他们在遭遇困难时相扶相携，在快乐时彼此拥抱祝福。在受伤时相互安慰鼓励，在成功时分享彼此的成就与快乐。

糊涂，是一种达观的生活态度

婚姻法则：遮遮掩掩过一生，坦坦荡荡过三天。康熙皇帝曾说过一句话：不聋不瞎，不配当家。一个好的婚姻存在于“盲妻子”和“聋丈夫”之间！

——了凡

一见钟情，再见倾心，当初的爱情从轰轰烈烈过渡到细水长流，即使没有任何虚华的仪式，只要牵着彼此的手，心依然会波澜暗涌。生命里，总会有一份值得付出的感情，让你牵肠挂肚；生命里，总会有个人让你百转千回，至死不渝。当多年后，在夕阳下，两鬓斑白的老人依然相互搀扶，虽然不再有软语呢喃的情话，却依然那么牵动人心。

从青丝爱到白头，“执子之手，与子偕老”的爱情总是最动人的。

只是为何世间还有那么多悲欢离合的爱情，有那么多分崩离析的婚姻？

俗话说相爱容易相处难。相爱时，我们都看着对方的优点，连缺点也是优点，而在结婚后，柴米油盐的琐碎打碎了我们对爱情的瑰丽幻想。许多婚前无法看到的真相，到了婚后全部一目了然，此时连对方的优点都可能成为缺点，让你觉得碍眼。

婚前，她是一个温柔美丽、端庄贤淑的女人；婚后她变得自私、小气，不可理喻。

婚前，他是一个幽默风趣、英俊洒脱的男人；婚后他变得粗心、邋遢，不拘小节。

为何婚前婚后差别有如此大呢？其实是我们的行为和思想在作怪。

婚前，我们扬长避短，尽量向对方展现优越（阳）的一面，而收敛弱势（阴）的一面；婚后却正好相反，觉得都住到一个屋檐下了，就不用再遮遮掩掩了。

所以，很多走进围城的人会说，婚姻是爱情的坟墓，因为一旦两个人失去距离的朦胧美感，那爱情就不得不走向现实，所有阴性的东西便会暴露无遗。

佛说，圣人眼里看不到不好的东西，在佛的眼里众生皆佛。

了凡因语理论告诉我们：要得到婚姻的幸福，我们就要忽略对方的缺点，多看对方的优点。因为当我们看到对方缺点时，也正是因为我们身上有相同的缺点。当我们看到阴性场态的事物时，那正是我们内心的投射与写照。

只有这样，我们才能够推己及人，辩证地欣赏对方身上的缺点与优点。这也是爱人该有的一种气度。

世上毕竟没有十全十美的人，婚姻就是两个人在一起过实实在在的日子，不可能不食人间烟火。如果你真的无法适应或忍受，那最好的方法是睁一只眼闭一只眼，装聋装瞎子。这样，你便不会感到那么难过和失望。

了凡因语教导我们：当生活让我们不愉快时，我们应试着避开它，忽略它，放下它。

一旦我们用积极的态度将阴性场转为阳性场，你会发现原来缺点从另一个角度看就是优点。

比如一个人很笨，那他（她）一定头脑简单，不会算计，不会欺骗你。

若一个人很粗心，那他（她）一定不会整天数落你丢三落四，不会连你掉根头发也要唠叨半天。

若一个人很小气，那他（她）一定爱精打细算，很少乱花钱，能够为家里节省开支。

若一个人很邋遢，那他（她）一定不会要求你每天洗澡，不会在接吻前还让你先漱口。

当你从另一种阳性的场态去看待一个人的缺点时，你会发现他（她）比平时更可爱一些。生活为何不能就这样糊涂一些，豁达一些呢？打开一扇扶持担待彼此的窗，让更多阳光照进来，让我们的爱迸发出异样的光彩，这样的人生岂不是更圆满。

当爱处于激情澎湃的潮头浪尖时，我们用真心去感受它；当爱处于细水长流的小溪时，我们依然用真心去感悟它；当爱像一潭死水不再起波澜时，我们再用真心去搅动它，让它重新焕发生命的活力，这才是我们经营一份真爱的制胜法则。

唯有用真心时时去灌溉我们的爱，才会种出生命蓬勃的爱果来。

这些年，“80 后”的年轻人也陆续走进了婚姻的围城。可这一代人很多是被家长当成公主阿哥一样宠大的。他们习惯了别人的给予与付出，却大多没有学会如何付出与奉献。这样的八零后夫妻便出现了很多刚“闪婚”又“闪离”的情况。他们不是没有爱，而是不懂得如何浇灌爱，不懂得真心付出的爱才会收获长久的幸福。

拥有幸福的人通常都懂得在合适的时候犯一下糊涂。婚姻也是如此，偶尔睁一只眼闭一只眼，反而能够得到意想不到的幸福。

迎合爱的脚步，你要有所改变

一对恋人或夫妻相处久了，感情神经总会一点一点麻木。很多人误以为这是爱情消失了，其实不是。爱情不会消失，爱情只会沉底。当爱沉底了，你要懂得晃一晃。爱是需要用心经营的，既然是经营就会有形式和点缀，一如心脏的外面还有一层胞衣。

——了凡

其实，恋爱和婚姻的不同之处最根本的就是距离的不同。

恋爱时，他见不到你，便常常与你约会，两个人花前月下，卿卿我我。

结婚后，他天天见到你，睁开眼你就在他身边，闭上眼你还是在他身边。

恋爱时，他想你只能给你打电话发短信；而结婚后，他可以对你呼之即来，挥之即去。

人们对属于自己的东西都有一个通病，用的时候才会记得，不用的时候往往都置之不理。这是人类的本性决定的，你见过谁把自己的东西天天捧在手心里，当宝贝一样呵护的吗？

当然没有。所以，你一旦决定走进婚姻的围城，你就必须要有先知先觉，要有自知之明，你成了他的妻子，便成了他拥有的东西，从结婚的第一天起，你的价值就在一天天地折旧。

有人会说，我看见也有很多幸福的婚姻。人家的老公一生都将妻子当成宝似的，为何我的老公就不能这样呢？于是你会自叹遇人不淑，其实我在此讲的是一种社会共性，人的共性。你只有了解了普遍规律，才知道如何对症下药，如何保持婚姻的历久弥新，让他永远疼你，就像初恋时一样。

如果你不想沦为他呼之即来、挥之即去的女人，就需要先修炼自己。

了凡因语的理论告诉我们，将自己修炼成一道风景，当你身边的他和外人都欣赏你时，你便成功了。

怎样修炼自己？除了发展自己的爱好外，你也可以找一项和他共同的爱好，这样你既能和他在一起，又能娱乐身心，何乐而不为？当然，这样又违背了距离产生美的原则。最好的办法是，你既发展你们共同的爱好，也有自己单独的爱好。这样，你们既有在一起的时间，也有独处的时间，既保持了距离，又疏而不离。

这也是阴阳和合的道理。当你疏远时，他会靠近，当你忽远忽近时，你们的关系是变化无穷而又永恒的。就好似一个转动的太极图，婚姻中，会打太极的人总能很好地维系自己的婚姻关系。

多年前，表叔娶了美丽的表婶，两个人当时感情极好，可以说是郎才女貌、天造地设的一对。当时我才十多岁，当我去参加他们的婚礼时真的非常羡慕他们。可是十多年后，两个人却以离婚收场。听说他们离婚的主要原因是没有共同语言，相处太久产生厌倦，于是表叔另找了新欢。

其实，很多婚姻刚开始时都是以爱为基础的，都曾想过白头偕老，可是为何最终却以分手收场？

此处我们不谈男人本性里的喜新厌旧。其实，会让男人厌倦，让他感到你像一件东西一样慢慢折旧，女人多少应该负一些责任。女人要明白，无论多深的爱都会有变淡的一天，都会被时光侵蚀得面目全非，只有用心地经营和浇灌才能历久弥新，当我们的爱一天天麻木时，它只是暂时处于休眠状态，暂时沉入了湖底，这并不代表爱已经消失。

此时，怎么利用女性的技巧搅动一下死水一潭的湖面呢？

你要做的就是让他从另一个角度重新认识你一次。

我们都无法忘怀初次相遇时的心动，那回眸时惊心动魄的一瞬间，在多年以后还能让你悸动。你如果能时时保持新鲜感，让他常常感觉你的不同，他会重新认识你身上的闪光点。

以前我认识一位举止优雅的女士，她结婚前很少下厨房，更别说做西餐。但她的先生是留学归来的海归派，习惯了吃西餐，常常慨叹西餐厅的菜不够地道。这位女士便默默记下了先生的口味，悄悄利用业余时间去学做西餐，后来当她在先生生日时端上自己亲手烹饪的地道的西餐时，她先生感动得热泪盈眶，当下对他娇贵的妻子有了新的认识。

当一个讨厌油烟、从不愿下厨房的女人愿意为你去改变时，你还能不爱她吗？所以说一个好女人，可以同时作为男人的母亲或老师，引导他为你们的婚姻而成长，在成长的同时，你们婚姻生活也会因此而变得异常精彩。

拿捏好夫妻间的你来我往

春暖花开，猫闹春就是正常的反应；反之不开花不闹春就是非正常反应。有时候平静是一种失衡。人为阳，宁可闹些（阳）也不能太静（阴）。冷暴力是现代夫妻之间最大的杀手锏。床头吵床尾合是平凡夫妻的最佳生活写照。一阴一阳谓之道，不阴不阳就会产生阴阳怪气！

——了凡

生活中，你会发现，再好的夫妻相处久了，都会有倦怠时。

当爱情的激情被生活的琐碎一点点磨光时，夫妻关系便会进入一个相对平淡期，如死水般没有波澜。这样的生活很可怕，因为看似平静，却往往酝酿着大的变动。太平静时属阴，此时最好能有阳气进入，不时激起一些波澜，这样水源才会鲜活起来，当水一旦流动时，才会有阴阳的转换与平衡。

一个家庭，长期处于阴性场，夫妻俩一直相敬如宾，客客气气，平静如水，那是很危险的事；而一个家庭，长期处于阳性场，夫妻俩整天吵吵闹闹，鸡犬不宁，那也是很危险的事。

所以说，婚姻生活的阴阳要平衡，就要保持家庭生活一张一弛的节奏感，时而平静，时而为小事争吵一下，只要不伤及感情的基础，床头吵架床尾合，这也不失为一种生活的有效调剂。

所以说，夫妻生活最大的雷区，不是感情慢慢趋于平淡，而是遭遇可怕的长久的“冷暴力”。

什么是夫妻冷暴力？指夫妻双方产生矛盾时，漠不关心对方，将语言交流降到最低限度，停止或敷衍性生活，懒于做一切家务等非正式的暴力行为。

冷暴力的危害极大，会使一些女人患上忧郁症，并产生极端想法，比如自残或自杀；也可能会使丈夫或妻子一方发生外遇，致使家庭矛盾进一步恶化；也会给下一代的孩子造成心理阴影和性格缺陷。

如何解决冷暴力？其实很简单，只要明白，人无完人，你自己都无法做到完全没有缺点，为何还要勉强你爱的人也完美无缺？

你要是能明白这一点，什么缺点与矛盾都会变得云淡风轻，可以忽略不计。退一步海阔天空，夫妻矛盾再大，那也是人民内部矛盾，不至于闹得上纲上线，非要去单位或法院解决。

如果利用了凡因语的阴阳守衡定律来解决，丈夫可以适当收敛阳刚的一面，变得温柔一些，放下身段哄一哄妻子是解决矛盾的最好方法，要让妻子感觉到你的爱与大度。妻子也可以适时收敛锐气，表现出阴柔的一面，激发起丈夫的怜香惜玉之心。据实践证明，如果夫妻有矛盾后，丈夫只要每天抽出起床前的时间拥抱妻子5分钟，坚持一段时间后，两人的感情会大大改观。

或者可以用阴阳定律来调节家中风水。适当将家里偏冷色调的家具或装饰，换成暖色调。但一定要掌握一个度，过犹不及，要掌握阴阳守衡的原则，书房可以偏冷，卧室和客厅可以偏暖。

生活中，通常过得有声有色的家庭，都在无意识中运用着阴阳守衡定律。

现实中有这样一对夫妻，表面上看相敬如宾、和和睦睦，外人以为他们很幸福。但某天这位妻子躬着身子一边在玄关处的鞋柜前换鞋，一边漫不经心地问了凡先生，他们夫妻会不会离婚。这位妻子在这样一个“换鞋”的场态中询问如此严肃的婚姻问题，答案可想而知。

此时“换鞋”是一种阴性场，对应婚姻问题，则很容易得出离婚的结论。

果然几个月后，这对夫妻离婚了。

这是一种偶然还是必然？其实无论问卦者出于何心。在当时当地无论问谁这样的问题，结果都是一样的。因为彼时彼地的场态是由她自己决定的，这也暗示他们的夫妻关系已处于相对倦怠期，阴阳失衡，只是表面上相对平静而已。所以她才会在那样的场景中似乎漫不经心地询问婚姻问题。而当时的卦象已有了自然的警示，其结果只是通过了凡先生的翻译读出来而已。

了凡因语：如果你已经结婚，最好是保持正常。你对真理的找寻应该是内在的。有时候，如果对方需要的话。一定要生气！要吃醋！把人生当作游戏，扮演你应该扮演的角色。因为一旦你决定要跟一个女人或一个男人生活在一起，你就有某种责任要履行。有时候你也必须装作生气，装作吃醋，那是她的需要同时也是你的责任！

其实，这世间的爱有很多种存在的方式，每一种都是可以选择的。

爱一个人能和他一辈子在一起固然好；如果不能在一起，就心甘情愿地放手，远远地看着他幸福也是一种幸福。而婚姻是现实里将两个相爱的人合法维系在一起的手段。这种关系需靠两个相爱的人共同维系，一旦两个人选择了这种相守的方式，那就得一辈子为对方负责。

但之前你必须明白一个道理，现实的婚姻，不可能不食人间烟火，它一定离不开柴米油盐，离不开家人之间的生气吵闹，离不开精打细算的算计，离不开絮絮叨叨的关怀。

这样的生活是有生机的，是质朴的，是生活的本质。

佛说，用觉悟的心修行就是最好的修行，而离开生活本质的修行算不上真正的入世修行。

一个人如果不能在生活中悟出生命的真谛，那他即使脱离红尘去修行也是无济于事的，因为道法自然，真正的道来源于生活，生活中处处都是道。所以说，一个没有真正爱过的人，不会真正懂得慈悲。

在生活中，很多大男人以为吃醋是女人的专利，所以即使心里吃醋还要表面假装大度，这样的男人其实真的不懂阴阳平衡的原理。女人无论长到 30 岁还是 50 岁，即使白发苍苍时，她内心都住着一个小孩，她渴望男人的呵护，渴望男人的甜言蜜语；她渴望男人的重视，渴望男人到老还为她吃醋，即使她表面上不在意，心里一定是美滋滋的。

以前我常在花园里看到一位老人。为了自己的老婆子和一个半百老头多说了几句话就脸红脖子粗吃起醋来。我当时很不理解，心想人都老成这般了还吃什么醋呀？但当我看到老婆子脸上的皱纹里竟然荡漾出少女的羞涩时，我便理解了。男人吃醋在女人心里无论何时都是甜蜜的，因为它代表男人还在乎她，还将她视作手心里的宝。

可是，生活中往往有很多男人并不屑于吃醋，也不愿发脾气，他觉得这是好男人的标准。殊不知，女人并不喜欢男人与自己客客气气。所以，男人时常要对女人有要求，有吃醋的表现，那代表你在时刻关注她，她会活得更有滋有味。

这也是一对世间的平凡夫妻相处的哲学。特别是当一对夫妻过了磨合期后，处于相对平淡期时，麻木不仁正代表感情的淡漠，是和冷暴力一样具有杀伤力的。所以，当冷漠时，为婚姻添一把柴，当火太旺时，为婚姻泼点冷水，是一阴一阳的生活之道。

相信自己，知命而后改命

知命而后改命。如果我们对自身有更为深刻的了解，我们就一定知道怎样才是正确的选择。不要企图让别人来帮你算命改命，你才是你命运的主人。

相信，是一种能量

世间之美好皆因相信感召而来，尤其奇迹的到来，更是相信的产物。相信即相应。相信是一种能量！当我们的能量还未达到和某一个人某一个事物相同频率，不能相应时，告诉你一个窍诀：回归零态，回归婴儿！只需静下心来什么都不用去想，放下所有的经验还有得失，全然地相应就够了，就这么简单！相信即天堂！

——了凡

佛教的“信”，具体包括六个方面：信事、信理、信因、信果、信自、信他。缺少其中之一都不是完整的信，能做到完全相信，是极为困难的。比如信理，必须完全通晓佛经才有可能做到信。否则，不知道“理”的具体内容是什么，就谈不上信。其中信自，不是相信自己对佛法的理解，而是相信自性的善根。其中信他，不是随便的相信别人，而是相信诸佛菩萨。对佛讲的法有信心，通过学习佛法，不断对佛教深信不疑。

信任不是简单的行为，在很多人看来，你可以信任自己最亲密的人，却很难相信陌生人，当然也有人连自己身边的亲人、朋友，都无法做到百分百的相信。因为太多生活经验告诫我们："害人之心不可有，防人之心不可无，万丈深沟终有底，唯有人心不可测。"

几年前，我参加过一个领导力拓展训练营，其中一个训练便是团队的信任训练。因为一个人心涣散的团队是无法成功完成业绩的。试想一下，当一个团队的成员人心浮躁、彼此猜疑、相互推诿，这样的团队何谈执行力，又怎么可能在市场竞争中站稳脚？反之，当这个团队的成员和睦相处、彼此信任、团结一心、同甘共苦、士气高昂时，它的战斗力将所向无敌，一定能创造出骄人的战绩。

相信是一种能力，也是一种能量，更是一种健康的心态。

一对情侣间的信任可以保持亲密而有间；一个家庭成员之间的相互信任可以保持长久的和谐；一个充满信任的国家也是相对民主的、宽松的、和平的、富裕的国家。

一位父亲讲过这样一个故事：

记得儿子上初二时，班主任来家访，说他代数考了69分。我很诧异，儿子的成绩单上明明写着89分，怎么能是69分呢？望着儿子低垂的头，我一下子明白了。老师走后，我拿出成绩单一看，6字上加了个半弧就成了8。儿子噙着泪说："爸，就这一次，以后我再也不这样了。"我本想狠狠教训他，看他有悔过之意，我就只说了一句："考多少没关系，别骗爸爸。"儿子使劲点着头。从那以后，儿子变了，学习成绩直线上升，很快成了班上的尖子生，后来还考上了很好的大学。

可见，相信一个人所产生的正面能量，常常会创造意想不到的奇迹。对此，我深有体会：

一次，我8岁的女儿要参加钢琴三级考级。可是她平时特别贪玩，经常荒于练习。眼看着考期临近，她的考试曲目却是一点也不熟练，连她的音乐老师都打电话来向我告状说这样下去考试根本无法通过。

那时我正在新疆拍一部宣传片，实在没有时间守在她身边陪她练习。无奈我只有打长途电话给她，我没有责怪她，我说妈妈一直都相信你是个聪明伶俐的孩子，你自己说喜欢钢琴，妈妈也从来不逼你做任何不喜欢的事，音乐考级的确不是很重要，但是考试过不过关却证明了你的态度问题。你自己选择吧，喜欢就好好练，不喜欢我们就不练了。最后我说我相信她可以做出正确的选择。此后女儿的态度突然来了个180度的转变，在很短的时间内便将考试曲目练得滚瓜烂熟，老师对女儿更是刮目相看，考级也顺利通过。

这其实只是一个小小的信任实验。其实对于孩子。父母只要多给他们一点点信任，让他们选择他们自己喜欢的，他们会做得很好。

心理学家认为，让别人充分接纳你的观点、态度。你就需要和对方保持“同体观”。即把对方和自己视为一体，这样在对方看来，你是站在他的立场说话，这样彼此间没有心理压力，不存在戒心，心理距离大大缩短，双方就会产生感情共鸣，这就是“自己人效应”。

事实证明，在单位里，当你相信属下能干好你交代的工作时，他真的会超常发挥，让你刮目相看；而当你以不信任的态度置疑他时，他心灵承受负荷，也会带着负面的情绪应付工作，结果当然不尽人意。既然如此，为什么我们不拿出一些相信来，不管是对自己还是对他人，我们都需要这种能量来充实我们的生命。

《了凡四训》，开示改命之道

人生的一切，不是算来的，而是感来的；不是求来的，而是修来的。求是只望结果，修是培植因缘，感是得道多助，算是一相情愿。

——了凡

大家对“命中注定”这个词都耳熟能详了，也许有人要问：是不是真有“命运”这回事呢？如果有，我们能不能改变既定的命运呢？答案是肯定的——有。而且可以通过我们的努力去改变！

明朝袁了凡先生编著《了凡四训》的初衷也正是为了教诫他的儿子认识命运的真相，明辨善恶的标准，以及如何通过改过迁善、行善积德来改变命运。他以自身的经历现身说法，告诉我们生命的真相。虽然很多人的命运在出生时便因天时地利等各种因素决定了，但如果后天努力去改变，每天为自己种下一个善因，最终也会彻底改变自己的命运航向。

虽然文章篇幅短小，但是寓理内涵深刻，兼融儒释道三家思想，尽现真善美中华文化，通过“立命之学”“改过之法”“积善之方”“谦德之效”四章，论证“种瓜得瓜”“善有善报”“积极进取”“有愿皆成”之理。平实而无虚华，深奥而不迷信。所以数百年来历久不衰，为各界人士欣然传诵，时至今日，仍然是脍炙人口、滋育身心的杰作。

其实，世上的人和事，所有的感受都是来自你的内心，来自生活中的经验与喜好。

就事物本身而言，没有阴阳之别，但我们的是非好恶却自动分出了它的阴阳好坏来。

美国心理学家威廉·詹姆斯曾说：**“播下一个行动，收获一种习惯；播下一种习惯，收获一种性格；播下一种性格，收获一种命运。”**

我以前有个上司，他是个交际广泛、口才极好的人，他的优点便是能很好地与外界沟通，与客户谈判；但是他最终却败在他这个优点上，最后被公司辞退。原因很简单，因为他交际广泛，总是注重与外界沟通，而不擅长内部管理，不能有效地组织手下完成细节性的工作，导致部门内部管理混乱，引起职员不满，公司老总也对他的工作能力产生怀疑，于是他成了我们公司首位被辞的总监。其实，他最初被公司聘请也是由于他的交际能力，可是当他的事业发展到一定阶段时。这些优点却成了他致命的弱点。

星云大师在为众生开示如何改变命运时曾说：人一生的境遇，往往由于各种因素而改变命运。有的人由于一个人而改变命运；有的人为了一块钱而生命改观，有的人由于一件事而走出截然不同的人生，甚至为了一句话、一个念头，使人生有天壤之别的变化。转变我们人生的这些因素，本身虽然至为细微，但是影响力却非常巨大，好比将一枚小砂石投掷江海中，砂石虽小，却能震动整个江面，泛起阵阵涟漪。一个人或一个念头，会产生种种千差万别的命运。

古时候岳飞之母为他刺下了“精忠报国”，从小给岳飞树立了大志向，从而改变了他的命运；莫泊桑的经典小说《项链》里的女主人公玛蒂尔德则因为虚荣心，为了一根项链付出了一生的代价；著名物理学家牛顿发现万有引力，也是因为一颗苹果偶然砸到了他的脑袋。

环境可以改变一个人，优良的教育也可以塑造一代民族英雄。只要我们相信，我们就有改变自己命运的力量。

偶然也可以成为必然，一个善于思考，善于抓住思想里某个灵感火花的人，他必然也会有着不凡的人生境遇，牛顿就是这样的人。但你是否想过，现实里能抓住这些机遇的人，他们都有着良好的思考习惯，有敏锐的洞察力，有清晰的思维与逻辑推理能力。

星云大师曾讲过：“烦恼难断，而去除习气更难。坏的习惯不但使我们终生受患无穷，并且累劫遗害不尽。习惯会左右我们的一生，习惯成自然，变成根深蒂固的习气，即成为修证菩提的障碍。譬如一个人脾气暴躁，恶口骂人，习以为常，没有人缘，做事也就得不到帮助，成功的希望自然减少了。有的人养成吃喝嫖赌的恶习，倾家荡产、妻离子散，把幸福的人生断送在自己的手中。更有一些人招摇撞骗，背信弃义，结果虽然骗得一时的享受，但是却把自己孤绝于众人之外，让大家对他失去了信心。”

知命而后改命。如果我们对自身有更为深刻的了解，我们就一定知道怎样才是正确的选择。不要企图让别人来帮你算命改命，你才是你命运的主人。以《了凡四训》作为修身之铭言，人人可以成圣成贤。用为处世之准则，举世得以消除灾难与业障，确实是自救救人的最佳途径。

五行转运，相克也相生

相克，不一定就是坏事，因为能者多劳，没有能量根本就无从折腾，对手对你的打击大小取决于你的实力，道高一尺时，魔才会出来干扰你！

——了凡

相生与相克总是相互依存，并无绝对的好坏之分，因为世间万物都会自然地相互依赖、彼此制约、协同进化。我们来看一下相克的例子。

例如：金克木。

金是木的领导也可以是对手甚至是小鬼，当然也可以是机遇，对女人来说还可以是丈夫，到底是什么，取决于木的阴阳属性和能量大小。表象来看，有人拿斧头来劈你很不爽，前提你是阴木为娇柔的花草，那他对你而言当然就是末日，血光之灾。但反之，你若是参天大树，它的砍伐对你就一定是机遇，士别三日必刮目相看，你明早醒来，早已置身于大殿之上，成为国之栋梁！机会有时就是这样喜欢披着压力的外衣，恐吓着仕途中的君子。

金克木为胜克，一般视为吉克，因为木不克不成才。如若上级对下级、长辈对下辈为金克木视为大吉克，表示上级对下级的培育、父辈对子辈的管教。如若反之，你自己为金，你的上级为木，则表示你和上级将难以相处，说明你的上级有瑕疵，此时金克木则不吉。

一般来说，金克木生财，如果公司有位木旺的栋梁之材，那一定会让公司财源广进。但木太旺又以金克之，对公司领导来说是既拥有人才又不至于功高盖主。

世间的万事万物都相生相克，相互克制并不全是坏事。而夫妻之间的关系很是微妙，相克便是相互抑制，一个男人如能克制女人，让妻子能相夫教子那是美满家庭的必然条件。而如果反过来，丈夫克制不了妻子，让她反而风光过丈夫，在外打拼事业，成为一个不折不扣的女强人，那就很可能出现破婚之不幸。

相克，不一定就是坏事，因为能者多劳，没有能量根本就无从折腾，对手对你的打击大小取决于你的实力。

任何事物的学习都是为了解事物的本质规律，有其事必有其理，有其理必有其事。学习是为了明理，理通了心就安了，心一安就无所谓好坏得失。当木被完全克制，无力对抗时，我们只能避其锋芒，曲线救国，找一个贵人来通关化解。只有找对合适的人，事情才会事半功倍。

比如面对这种局面，我们就可找一个“水性人”来帮忙调和，化干戈为玉帛。因为就先天本质而言水为金的儿子，他们是一家人，很容易就把被克的局面变成相生的局面。

比如：金—生—水—生—木。这样矛盾就会很轻松地被转化了。

所谓，一山不容二虎，除非是一公一母，这种矛盾只要让水去面对，对金的所有问题都会迎刃而解。另外，还有一种情况，当你被外力克制的时候，一时又找不到那个能帮忙你化险为夷的贵人，你又该如何去面对呢？毕竟今生的贵人是由前世的善因来引发的，如果前世没有去真正帮助过别人，今生难道就坐以待毙吗？我们可以转换一种思维，用老人们常说的一句话：“先舍后得”来应对一下，看是否可行？

当阴木已无力去对抗阳金的克制，我们不妨暂时不要去考虑自身的安危，把仅有的一丝木料也奉献出去，用最后的余热去点燃生命的火种。星星之火可以燎原，一旦阴木置生死不顾而自损利他时，原有的结构必然也会随之发生改变。成为如下的模式：金—克—木—生—火—克—金。

宇宙中的结构是很微妙的。牵一发动全身，一旦你真的全然忘掉了自己，那么上天也一定会给你一个奇迹，让你峰回路转！

现在我们来看看。这个结构发生了什么样的变化？

当木不遗余力去点燃火种时，天地的结构已由二元变成了三元结构。三生万物，一切都是阴阳合和而生。最主要的是当火的热力燃烧时必然也会本原地去克制阳金，火金一旦交战，此起彼伏，阳金又哪有时间再来克制阴木。如此，投桃报李，你来我往，大自然又回到相对平衡的状态，而你的厄运也随之化解。这不就是我们老祖宗经常讲的先舍后得，吃亏才是福的真正内涵吗？

生活中，当我们有些东西拿不准，分不清时，最客观的办法就是始终坚持正确的发心，不管有多么艰难，我们都要力所能及地去帮助身边的每一个人。要不了多长时间，事物都会由阴转阳，呈现本来面目，花开见佛！这是事物的本质规律。

了凡困语：绚烂之后才有平淡，幸福其实往往比我们所想象的要简单很多，问题在于如果我们不把所有复杂的不幸都给探索经历一遍，不把所有该摔的跤都摔一遍，不把所有的山都爬一遍，我们就没法相信，其实山脚下的那块巴掌大的树荫下就有幸福。

你可以主导你的幸福婚姻

幸福是脸上的，痛苦是内心的，幸福有太多的装饰性，而痛苦一定是真实的，刻骨铭心。所以我们自己感觉到的生活和在别人身上看到的生活往往正好相反！

——了凡

托尔斯泰有句名言：“幸福的家庭都是相似的，不幸的家庭各有各的不幸。”

俗话说，每个家庭都有本难念的经。许多时候，表面上看似幸福的婚姻，而实质上却有或多或少的烦恼。所谓家丑不外扬，很多人都喜欢显露好的，而藏匿不好的，这都是所谓的面子和虚荣心作祟，打肿脸也要充胖子。

其实这样委屈自己并不好，日积月累，造成过重的心理压力，反而会发生更不幸的事。

用了凡因语的阴阳法则来分析，阴性的场态，只有拿到阳光下暴晒才有可能由阴转阳，如果你刻意隐瞒，而你内心的痛苦与烦恼却没有消除一分一毫，那依然于事无补，而这种负面能量积聚太久，当有一天爆发时反而更加不可收拾，很多夫妻也因此闹到不欢而散，以离婚收场，甚至到了家破人亡的悲惨境地。

婚后，当男人的应酬越来越多时，他可能不得已会向你撒谎。不要以为这是不忠的表现，他只是希望你不要胡乱猜想，善意的谎言只是希望你能安心、快乐。作为贤妻，你只是需要以智慧的心态明白而不要点破，要相信他的善意。有这样一则故事叫《先生回家晚了》，故事中两个不同的女士反应截然不同，最后得到的结果也是天差地别。

A女士一直觉得丈夫是忠诚的，所以先生回家晚了，她也不会猜疑，她只是担心和挂念。先生回来后，她依然热情地拥抱，为他烧饭热菜，嘘寒问暖地关心。她的举动让丈夫很感动，此后更加忠诚。就算丈夫此时有外遇的迹象，他也会因为惭愧从此收心。

而B女士恰恰相反，先生回家晚了，她便疑神疑鬼，怀疑丈夫是不老实的，心里感觉烦躁、气愤、无奈。当丈夫回来时，她也不听解释，只是一味地责骂、审问、埋怨，这样不顾丈夫感受的行为让丈夫很生气，有种被冤枉的委屈，如果此时他心里已经有外遇的倾向，他会觉得更加理所当然，结果就真的外遇了。

了凡因语理论告诫我们：当我们怀疑对方时，对方真的会朝着我们怀疑的方向发展；当我们以阴性的角度看待事物时，事物便会向阴面发展；而当我们以阳性的角度看待事物，事物便会向好的方面发展。故事中的两位妻子对待先生的不同态度，产生了两种截然不同的结果，这正是我们内心感召的力量的作用。我们的一思一念，都会影响着事物的发展，而我们的一举一动都能改变事物的发展，只要你去做，事情就会有所改变。

所以，所谓命运，是完全可以通过我们的正念来慢慢改变的。如果我们肯用心，就一定可以主导我们的婚姻走向，让它顺着我们的期望前行。

种种际遇，都是命运的赠礼

人们总爱假定幸福是有条件的，喜欢为自己的人生设定各种标准。而实际上，幸福快乐是一种主观感受。是此时此刻你的意识对外界信息的判断和反馈。它不是通过比较得来。也不需要设定任何的时间地点等附加条件。

铭记，爱最初的样子

一个阶段有一个阶段的美丽；一个层次有一个层次的悲哀。在青涩年代，一定要趁着自己还没学会世故算计的时候，好好投入地去谈一场幼稚的恋爱。千万不要等着成熟稳重，再去面对世间的情感。哪怕是邂逅最美的容颜和最知心的伴侣，你都无法再咀嚼到只有在那个年代那种单纯心境下才会品味到的青涩和甘甜！

——了凡

每个人都经历过初恋，而初恋的感觉也是最美的。

因为那时的爱单纯而透明，青涩却甘甜，没有功利，没有掺杂任何的外在条件，就是那低头温柔的一瞥，也让人惊心动魄。那时，两颗心只是单纯地付出，所以让人终其一生也无法忘怀。

人生若只如初见，我们的爱情会相对单纯美好。

当我们给爱赋予了太多外在条件时，比如房子、车子、存款，或者名利、财富、地位，当我们想从爱中得到太多本不属于爱的物欲时，我们的心灵是倾斜的，我们看不到对方性格的优点，看不到彼此关心对方的瞬间，我们身上的场态阴多阳少，感召来的都是同频率同想法的人，自然无法得到称心如意的伴侣。

所以，当我们抱怨这个世道太现实，爱情已沦为金钱与物质的交易时，我们是否仔细想过，我们内心到底付出了几分真心，我们自己要求了多少，我们想得到真心的同时，自己有付出过真心吗？

这世上所有爱与恨都是自己感召而来，我们找到怎样的爱人，得到几分爱，都是我们内心的写照。当我们抛开那些俗世的想法，抛开外在的条件净化我们的身心时，身上的场态阳多阴少，便能轻易感召与我们匹配的真诚伴侣。

人生的每个阶段，都有它的美丽，我们只需用心地去体验，失去并不是永远失去，拥有也不是永远的拥有。有时当我们将一份纯洁美好的感动深藏于心底，保留那份单纯的记忆，却是另一种永恒。

年轻时，我们很单纯、很青涩，我们可能还不能完全明白什么是爱，但也正是那份难能可贵的单纯，让我们对我们的爱人无欲无求。

经历了青涩年代后，我们心智逐渐成熟，有足够爱的经验，却发现此时的爱蒙上了太多的功利与物欲，我们给爱赋予了太多的条件，我们选择伴侣不仅要看对方的家世背景，还要看对方的工作环境，有无车子、房子，有无大笔的存款。这个时期的爱，少了浪漫与纯真，但却更接近本质的生活。

生活的确离不开柴米油盐。对家世背景有所考量也并不为过，但当你太注重外在的形式时，便会忽略爱的本质。爱是无私的，是发自内心的喜悦。是两颗心从身到心的魂灵碰撞。**你如果想收获一份真爱，你必须舍得放下这些外在的物质形式，将自己放空，将内心的尘垢扫除干净，**

才能重新接纳一份美好的真爱。否则，你收获的不过是华丽的物质外壳包裹下的虚浮的爱，那只是糖衣炮弹包裹的外衣，并不是爱的真实内核。

所以，不管你是在幼稚时，还是在成熟时，要收获一份纯美的真爱，都需要两颗真心的互换，否则。你将永远只能在追寻中孤寂一生。当你抛开所有的物欲与外在条件，随时准备着进入一段真心换真情的爱，一场没有功利的爱，一场无需房产、车子的爱，一场让我们投入彼此灵魂的爱，一场足以让我们一辈子刻骨铭心的爱，一场你想生生世世追随的爱。

那么，这一生你将了无遗憾。珍惜我们的爱吧，珍惜那只如初见的纯粹与美好，这是命运赠与我们最为美好的礼物。

孝道，最宝贵的财富

中国人历来重视节气，鄙视献媚，但是，唯独有四个字例外：以媚示亲。百善孝为先，一个人要想运气好，人脉好，首先要从孝敬父母师长开始。父母是承载和连接我们整个家族能量气场的中间人，当我们孝敬双亲和颜悦色的时候，我们就和祖上及天地之间的所有正性的能量在沟通交流，我们的生命就会如鱼得水。

——了凡

中国是个礼仪之邦，孝悌忠信、礼义廉耻是千百年流传下来的做人之根本。

百善孝为先，《孟子·滕文公上》中解释五伦：“父子有亲，君臣有义，夫妇有别，长幼有序，朋友有信。”在这五伦中，孟子认为父子、君臣两伦最重要，而孝悌则是五伦的中心，所谓“人人亲其亲，长其长，而天下平”。

自然界中，连乌鸦都有反哺之孝，羊亦有跪乳之恩，可见孝敬父母是生物自然的本性。而那些不孝之人，除了忘本，更失去了祖上的庇护，终有一天会因众叛亲离而落得一败涂地的下场。

对人类来讲，孝道是修身养性的基础。一个不懂孝道的人，很难在社会上立足。因为父母是家庭的能量积聚核心，是承载和连接你和整个家族能量的媒介。当我们孝敬父母，好好地善待他们时，我们也同时和祖上的能量产生了正向的连接，当整个家庭呈现祥和健康的能量场时，连天地和宇宙都能同时感应到这种正面的能量场，并同时吸引更多贵人来提携和帮助你。不要以为这是空谈，孝道具备这样的能量。

汉文帝刘恒，汉高祖第四子，他以仁孝之名闻于天下，相传他侍奉母亲从不懈怠。母亲卧病三年，他常常日夜守护，衣不解带，母亲所服的汤药，他每次都要亲口尝过后才放心让母亲服用。他在位24年。重德治，兴礼仪，同时大力发展农业。使西汉社会稳定，人丁兴旺，经济得到恢复和发展，在他当政之时正是历史上有名的“文景之治”的繁荣时期。

可见，一个以孝道闻名的君王，也会以仁义礼治天下，故天下平，人心定，四海归一。所以，当我们孝敬父母，礼敬祖先时，身上的善粒子细胞便会相应增加，从而增添善的能量。

如果一个人要保持自身能量气场的充沛。就要不断地为自己增添孝道的福报。

孝道在婚姻中的作用尤为突出。在夫妻关系中，是否孝敬父母是非常重要的一环，也是影响婚姻成败的一大因素。如果你有一个孝敬父母的先生，那么恭喜你，你嫁对了人。一个能孝敬自己父母的男人，至少证明他有良好的家教。他能孝敬自己的父母，也会同样孝敬你的父母，更会好好地善待你。

然而，在现实生活中，夫妻之间的不愉快也常常因“孝”而起。比如丈夫给老家寄了多少钱，丈夫给弟弟妹妹缴了多少学费，什么时候回家看父母，夫妻之间常常因此争吵不休。这不仅伤害夫妻感情。也会导致家庭不和睦，从而损耗我们自身的福报。

在中国千百万家庭中，婆媳关系一直是个棘手的问题，这也是一个普遍的社会问题。

为何不能对娘家婆家的父母一视同仁呢？佛家讲，这是众生的分别心在作怪。

而当我们丢掉那些所谓的物质欲望，就会发现生活中会减少很多矛盾，家庭关系会和谐许多。学会以媚事亲，是我们回报父母恩德的一种方式，当我们用仁慈宽厚的心来接纳父母，我们与祖上的沟通也因此而连接。

更何况，父母给了我们生命，祖宗给了我们基业与姓氏，我们如果连父母祖宗都丢弃了，那什么才是我们真正在乎的？恐怕这世上也没有什么是值得爱的了。一个心中无爱的人会有美满的人生吗？会有幸福的体验吗？会事业成功、升官发财、飞黄腾达吗？当然不会。

试问，这世间谁没有父母，谁不是在父母无私、无欲、无求的呵护下长大？

可为何到了父母白发苍苍需要我们赡养时，我们却有了各种想法与条件？

前几天看了网上一则新闻报道，一个儿子住着宽敞的楼房，却将自己的母亲关在一个不足十平方的黑棚子里，过着暗无天日的凄惨生活。这样的儿子如此对待自己的母亲，难道不怕将来他的儿子也如此待他？

古人言：“子欲养而亲不待。”当我们的父母还健在时，为何我们就不能像我们初生时父母呵护我们一样来抚养善待我们的父母？这世上有很多忤逆不孝的子女，常常因为父母年老不能做事便将他们视为累赘。又可曾想过我们生下来时，不仅不能做事，从爬行、走路、吃饭、穿衣都是父母手把手教会的。父母没有嫌我们“无用”而放弃对我们的教养，而我们为何要因为“无用”而放弃对父母的赡养？

这世上的亲情不是拿来“用”的，亲情是一种心灵的依靠，是一种血脉相连的感情。

百善孝为先，一个人要想运气好，人脉好，首先要从孝敬父母师长开始。

所以，趁我们的父母还健在时，好好地孝敬他们，才能对得起我们的良心，才能为我们自身修德积福。

善待压力，助推成功

压力即希望，烦恼即菩提！压力最大时是事物得以实现的最佳期，也是不二法门！

——了凡

生活中，当我们感觉疲惫不堪，心中莫名地紧张时，代表我们面临着压力。

压力来自方方面面：生活的压力、事业的压力、各种病痛的压力、学业的压力。当我们感觉有压力时代表我们在乎它，希望获得圆满的结局。如果一件事让我们一点压力也没有，那就代表这件事要不轻松得一点也没有挑战，要不就难得让你不抱任何希望。

所以，压力有时也是一种希望的象征，所谓烦恼即菩提，也正是此意。

当我们在挣扎时，也代表是在向上攀登。当一个人努力前进时，总是有重重阻力，当压力达到最大时，其实离成功已经不远，我们只需咬咬牙再坚持片刻就能成功。其实真正的成功总是伴随着挣扎后的苦痛。就如分娩一般，阵痛后却代表着收获。

从心理学角度看，压力是心理压力源和心理压力反应共同构成的一种认知和行为体验过程。当压力出现时，也会伴随着心跳加速，呼吸开

始急促，肌肉紧张，视觉变得敏锐起来，胃里打鼓，思维敏捷，开始出汗，心中不安，严重时会出现恶心呕吐。紧张不安和焦虑可以让我们更集中精力去应付事情，但如果这种紧张情绪不能舒缓，积累上升，就会导致不良结果。比如头痛、掉头发、患上焦虑症等。

现代社会，生活节奏越来越快，生存与生活的压力与日俱增，我们面临的压力也越来越大。如何应付这些让人喘不过气来的压力呢？

以了凡因语生命哲学体系来分析，压力大时，也代表一种反作用力最强时，当你身上的阴性能量呈现最强时，也是阴阳相互转化的最好时机。因为万事万物都是阴中有阳，阳中有阴，如果你能反其道而行之，将压力当成一种前进的动力，那最后弹跳的反作力越强，你跳得越远。

很多事实证明，有些人在压力下反而越战越勇，激发出超常的毅力和潜能，从而获得成功。比如在国际赛场上；许多选手往往能一举打破纪录，创下平生最好的成绩，这便是压力的作用。而有些人却被压力给憋死，心理防线早早地崩溃，最后只能选择放弃。所以，在压力下选择不同的心态，结果完全不同，要么在压力下获得解脱，要么在压力下彻底崩溃。

也正因如此，当地震发生时。有的人被压在残垣断壁下两个小时，在没有受任何创伤的情况下，却被自己的怯懦心理吓死。原因是他听到渗漏管道的水嘀哒嘀哒的声音，他开始慢慢感觉自己全身剧痛，他怀疑自己受了重伤，血在慢慢地流尽，于是两个小时后，他把自己吓死了。

而有些人在地震时被困地下 15 天，却意外生还，这不得不说是生命的奇迹。

据说，当年唐山遭遇地震时，有 5 名普通矿工正在唐山地区煤矿井下工作。他们当时工作的地点在地下 900 米深的巷道中，惊天动地的地震把煤壁震倒，堵塞了上下通道，他们被困在地下，当时承受着极大的心理压力。但等情况稍微平静后，这5名工人便立刻行动，寻找逃生之路。

5人之中的陈树海是个经验丰富的老工人，他指挥其余4人奋力挖通堵塞主通道的煤块，准备转移到其他的巷道逃生。他们5人一起努力把通道挖开，然而没想到挖开的部分转眼间又被突如其来的余震给封闭了。绝望又一次降临，但这5人并没有放弃，而是互相鼓励，开始寻找新的出路。他们经过十几个小时的苦干，又挖通7米多长的一条路，来到了一条废弃的运输巷道，希望从中找寻出路，然而他们却发现这里也被堵死了。没有办法，他们只能重新开始。又经过50多个小时的努力，他们挖通了一条16米长的通道，这次他们找到了一条比较安全的出路。

此时这5个人已经完全精疲力竭，在拼命寻找出路时，他们饿了吃煤渣，渴了喝尿液，冷了一起抱着取暖，绝望了一起互相鼓劲聊天，即使情况坏到他们不敢想象，他们仍然没有放弃。他们用尽最后的力气，手拉着手，摸着巷壁向上攀登，终于成功逃出困境，而此时井下开始泛滥的大水淹没了他们刚才逃生的巷道，稍迟一步就可能带给他们灭顶之灾。在地震发生后的第十五天，下井抢险的工人们发现了这5位矿工，人们不敢相信自己的眼睛，不敢相信这几个普通工人竟然有如此顽强的意志，竟然创造出在井下生存了15天的奇迹。

我们的生命就是如此不可思议的强大。每个人的生命背后其实都蕴藏着巨大的潜能，而我们平时不过只开发了九牛一毛。当生命处于超常的压力下，我们的弦绷得越紧，我们越能发挥出不可估量的能量。

压力就好似一把双刃剑，它既是一种动力能够让我们创造奇迹，也可能会因为难以负荷而刺伤自己。

我有个朋友是一家公司的高管，平时工作非常沉稳干练，但是有一次因他手下的疏忽，导致公司丢掉一位大客户，损失惨重。当时他背负了极大的压力，如果按照行规，许多高管都会直接将责任推给失误的手下，将他开除了事。但我这个朋友没有将责任推给手下，反而冷静下来，给公司总裁发了一份引咎辞职的报告，并郑重地告诉总裁他会正确处理此次事件，将麻烦全部解决后才离开公司。结果如他所承诺的，因为他的不懈努力，他终于以诚心感动那位大客户放弃了解约的决定。公司也因为我这位朋友优秀的表现，不仅诚挚地将他挽留下来，还为他加薪升职。

一件祸事，很快转变成一件皆大欢喜的好事。

很多时候，压力是一种成全。在危难时，还能够替他人着想，面对重重压力依然能勇于主动承担责任的上司是很少见的，这也注定他在职场中的成功是必然的。

其实，压力即希望，关键是如何将压力转化成动力，将不利的事情由阴转阳。如果我们运用得当，压力就是我们成功的助推器。

时间，终究会肯定你的价值

当你决定做一个好人，提升自己，你会发现周围人对你要求会苛刻起来，你会越来越累，而那些痞子们，因为别人对他们没盼望，于是他们就活得没有任何压力。被人要求是一种实力，也是一份信任，更是一份幸福！红尘中，没有任何人来关注和约束，才是最大的悲哀。舒服是一时的。而苛刻、要求却是成长必需的！

——了凡

一个人，做一件好事容易，一辈子做好事很难。一个人，做一天好人容易。一辈子做好人很难。

当我们决定做好人时，不仅我们对自己会无比的苛刻，周围的人也会用不同的要求来对待你。因为做好人是有条件的，好人要懂得忠义廉耻，诚信仁孝，我们的身上也因此多了很多责任，对社会国家的忠、对朋友的义、对亲人父母的孝、对客户的诚信，等等。

做一个好人，当真是不容易：

一个好人，在家里不仅要扮演仁孝的儿女角色，还要扮演慈祥的父母角色。

一个好人，在公司不仅要扮演尽职尽责的上司角色，还要扮演忠厚仁义的下属角色。

一个好人，在路上看到不平的事，要挺身而出，勇于承担与面对。

一个好人……

总之，做一个好人，要面对如此多的责任，要更多的付出，有更多人来关注你，约束你，这些责任刚开始或许会将你压得喘不过气来，但是当你适应并习惯了做一个好人之后，你就会看到一个不一样的世界。

你会因此成就更多的幸福与美丽，身边的人会因你的付出而感受到温暖，也会相应地回报你更多的快乐与温暖。更重要的是你在做这一切的同时，也为自身积累了无数的福报，你的正面能量在不断地累积，你的人生会因此迈上一个更高的台阶。而那些起初不了解你，处处为难你的人，最后也会依附在你的身边，成为和你并肩作战的伙伴。请相信，时间可以证明你的价值。

了凡因语：生活中，有些东西拿不准，分不清时，最客观的办法就是让时间去沉淀，时间稍长，事物都会由阴而转为阳，这是事物的本质规律。所谓“路遥知马力，日久见人心”。同时，也可以顺便确定一下自己的想法和决策，是一时冲动还是一世英名。

当你在付出你的努力后，回头再看时，你已经在不知不觉间攀上了无人能及的高峰。

此时你尽可以俯视天下的一切，那些名利地位都俯身在你的脚下，功名利禄在你眼中已经淡若浮云。

所以，当我们遭遇挫折时，当我们遇到无法解决的困难时，最好的办法就是让时光去做评判，当我们冷静下来，心智也有了清晰的认识，此时事物总会由阴转阳，这是事物发展的规律，阴阳总是相互转化的。祸福相依，也许倒霉过后，就是另一个幸运的开始。

一个人是好是坏，时光就是最好的裁判。所谓不变应万变，只要我们保持冷静的心，用心去观察，便能真正发现事物的真相。

享受当下，做最幸福的人

昨天的我是今天的我的前世，明天的我就是今天的我的来生。我们的前世已经来不及参加了，让他去吧！我们希望有什么样的来生，就把握今天吧！

——林清玄《前世与今天》

人们总爱假定幸福是有条件的，喜欢为自己的人生设定各种标准。而实际上，幸福快乐是一种主观感受，是此时此刻你的意识对外界信息的判断和反馈。它不是通过比较得来，也不需要设定任何的时间地点等附加条件。

我们并非不快乐，只是让思维定势蒙住了喜乐的心。掌控意识，将日常生活中的点滴、将当下的每一个细节都转换为乐趣的泉源。才是我们最需要改善的。

给大家讲一个《快乐人生》的禅修故事，看完之后，我们大概就能领悟要想得到快乐应该做些什么。

从前，有三位信徒向一位德高望重的老禅师请教人生的意义。他们问："人们说佛教能够解除人生的痛苦，但我们信佛多年，却都觉得不

够快乐，这是怎么回事呢？”

禅师微笑着，语重心长地对他们说：“想要快乐的生活并不难，首先你们要明确自己活着的目的。”

甲先回答道：“活着的目的？我只知道死亡是一件非常可怕的事情，所以我必须活着。”

乙说：“我现在拼命劳动。就是为了老的时候可以享受粮食满仓、儿孙满堂的快乐生活。”

丙最后回答：“我没有前两位这么高的奢望，我必须活着，否则一家老小谁来养活呀。”

禅师笑着说：“难怪你们得不到快乐，你们想到的只有死亡、年老和被迫劳动，不是理想、信念和享受当下每一刻的心态，当然觉得没有快乐可言。”

信徒们困惑地说：“理想、信念和享受当下每一刻的心态？那能让人快乐吗？”

禅师问：“那你们觉得什么能让你们快乐呢？”

甲说：“有了名誉，就有了一切，就能快乐。”

乙说：“有了爱情，就有快乐。”

丙说：“有了金钱，才能快乐。”

禅师继续问道：“但是，为什么很多人有了名誉却很烦恼，有了爱情却很痛苦，有了金钱却很忧虑呢？”信徒们无言以对。禅师继续解说：“‘理想、信念和享受当下每一刻的心态’并不是空洞的，而是体现在人们每时每刻的生活中。名誉要服务于大众。才有快乐；爱情要具有奉献精神，才有意义；金钱要布施于穷人，才有价值。享受生命当中我们所拥有的点点滴滴，并且珍惜自己这样的福分，才能获得快乐的生活。”

所以说，拥有“理想、信念和享受当下每一刻的心态”是获得快乐的不二法门。

但生活中很多人却不这样认为，他们总是陷入自己的幻想之中，拿出大把大把的精力为了遥不可及的未来而放弃当下的幸福。这样的人生又有什么意义，等到我们白发苍苍的一天，我们甚至连回忆都少得可怜，为什么？因为我们放弃了每一个真真切切属于自己的当下。把全部的心思都放在了触摸不到的幻象中，这该是怎样的可悲？

到那时，再回过头来看看你错过的珍贵瞬间：你错过了妻子怀孕时最美的状态；你错过了妻子分娩时挣扎的痛；你错过了孩子出生时第一声清脆的啼哭；你错过了孩子第一次走路时的忐忑与欢欣；你错过了孩子牙牙学语的快乐；你错过了父母六十大寿的喜悦；你错过了孩子第一天上学的雀跃；你错过了陪爱人散步时喃喃私语的温馨；你错过了一家三口一起郊游的团聚与快乐……

你错过的何止是这些珍贵的瞬间？你更错过了与他们心灵共同成长的机会。这些最为幸福的当下就这样在你的漠视中悄然溜走了。你和亲人的关系越来越疏淡，你的幸福感越来越少，到了最后，只剩下浓重的悲哀。但这一切，都是你一手造成的。

前尘往事，未来后世，都太过遥远，而真真正正属于自己的只有当下。所以，只有把握当下，享受当下的人生，才能切身感触到幸福的喜悦。

好好享受属于你的当下吧！当你放下物质欲望的驱使，去做自己喜欢做的事，去追求你生命中的理想和信念，并享受每分每秒带给你的快乐，你便会远离世俗的烦恼与痛苦。从内心里萌生出喜悦来。这样的幸福才是永恒不变的，不会随着你的幸福尺度变化而变化。

念一则《了凡因语》，学一学人生智慧

当生活中我们遭遇到不好的事件和违缘时，我们都要去正面思维，都要心存感恩，同时在生活中保持一分警醒。福人眼里看不到不好的东西，一旦看见就要忏悔要反省，为明天后天我们要看到好的东西做准备！

因果有定数，修心安天命

1. 福祸无门，善恶自召，其实命运很公平，我们上一辈子所积累的善恶总和在今生早已定格为命的基数。今生积累了善就在这个基数上加，今生积累了恶就在这个基数上减。不管是天子还是平民，都是一视同仁。所不同的只是前世多劫所做善恶的基数而已。

2. 世间之美好皆因相信感召而来，尤其奇迹的到来，更是相信的产物。相信即相应。相信是一种能量！当我们的能量还未达到和某一个人某一个事物相同频率，不能相应时，告诉你一个诀窍：回归零态，回归婴儿！只需静下心来什么都不用去想，放下所有的经验还有得失，全然的相应就够了，就这么简单！相信即天堂！

3. 发短信会影响一个人的运势，如果发出的短信是吉祥喜悦的，产生了好的阳性气场，让朋友们开怀，那当然就“发了”，反之，如果发的短信是破场的，让很多人不悦，心生反感，那就不是“发了”，而是“败了”。发邮件打电话也都是一样，要多说“阳话”，不说“阴话”，这样，

我们的运势就自然也会阳光灿烂！

4. 生命之间需要对话，但不一定需要语言。和自然握手和天地拥抱随处结祥云。

5. 易者，圣人乘时之学，圣人守时而待命，因势利导，乘时而起。故先哲孟子有云："虽有智慧，不如乘势，虽有鎡基，不如待时。"老子亦曾对孔子说："君子乘时则驾，不得其时，则蓬累而行。"意思说，机会给你了，你就可以作为一番，时间不属于你的，就规规矩矩待在那不要动，借古鉴今，今人所谓的英雄，只是在对的时间里，做了对的事情而已！

6. 生命之道：阴阳两界是互相作用的，阴界安则阳世安，阴先动而阳后随。阴永远大于阳。人世间看得到的东西都是由看不见的念头来决定的！

7. 不要去欺骗别人，因为你能骗到的人，都是相信你的人。反之，如果你被人欺骗，也无须抱怨，因为不是冤家不聚头。今生能骗你的人也是前世与你渊源很深的人，他欺骗你有时就是想过来和你打声招呼："喂！哥们儿，前世你还欠我一坛酒，记着请我喝哟！"今生没有被骗过的人，前世一定是个孤独的旅人！

8. 一阴一阳谓之道，万事万物孤阴不生，独阳不长，阴阳无不处在流变当中。此时阴者，彼时可能为阳；此时阳者，彼地可能为阴。它不都是如日月那般明显，有时我们的心情、状态、某种感悟也在阴阳之列。比如，你骑着野马在草原上狂奔，不管你是男女，透出的都是一股阳刚之气。若是花前月下，云中漫步，和自己最爱的人相携相挽，其情其景自然是阴柔若柳。阴阳没有好坏吉凶，过犹不及皆为病态。阳不及者，扶阳抑阴；阴不及者，制阳补阴。损有余而补不足，一切以平衡中和为首要！

9. 风水格局之形成：人是风水的灵魂！如果"我"小，心的空间就大，容量就大。对应的房子里，东西也放得多，非常的拥挤，自然格局也不大！福人居福地，什么样的人住什么样的房。

10. 人生的一切，不是算来的，而是感来的；不是求来的，而是修来的。求是只望结果，修是培植因缘。感是得道多助，算是一相情愿。

11. 在生活中保持一分警醒，随时观察，随时觉知，看见好的事物好的现象，学会随喜，给他人一分鼓励，给自己一分认定；看见不好的场景和人事，马上要觉知那是自我内心的投射，要生惭愧心，福人眼里看不到不好的东西，一旦看见就要忏悔反省，为明天后天要看到好的东西做准备！

12. 无论是一个人还是一个地方，只有气场丰润，才能活色生香。

13. 越有名的风水师越好看风水，也越灵验。因为他所服务的对象均为高端客户群。他们的福报运势都决定了他们所对应的环境差不到哪里去。什么样的人会住什么样的房。这也是古人所说的“福人居福地”的道理！

幸福婚姻，贵在经营

1. 婚姻法则：遮遮掩掩过一生，坦坦荡荡过三天。康熙皇帝曾说过一句话：不聋不瞎，不配当家。一个好的婚姻存在于“盲妻子”和“聋丈夫”之间！

2. 女人发昏才是一个“婚”字！女人出嫁是无法和自己再继续独处了就嫁“惑”于人，想找一个男人来依靠。所以，世间很多浪漫的爱情故事皆因误会而认识，又因了解而分开。大凡独身的女人皆因太清醒或者太能干。婚姻不是爱情的坟墓，而是自我的妥协！

3. 对于世界而言，你是一个人，但是对于某个人，你却是他的整个世界。你要相信，每个人一出生就有另外的一半在等待着你的团圆，所以你纵然伤心，也不要愁眉不展，因为你不知谁会爱上你的笑容。这不是奇迹，只要你相信就一定会有。相信我！每个人都是这样，如果还没有出现，那是因为你的心门还没有打开！

4. 一个女人，太四平八稳了，端正得过分，始终是不可爱的！心中有爱的女人是打开的、放松的、全然的，像花儿一样的开放！

5. 人还是要“见外”一点好，保持一些距离，要不女人一旦成为内人，就真的会很累，内即累也。男人一旦成为丈夫，连一丈之内的事他都会管，还振振有词美其名日：这是因为爱你！

6. 某人恋爱了，好久未见，突然电话求助我：“好不容易对一个男人有感觉，可一个星期里总有那么一两天想到这个男人就会恨恨的，想一巴掌扇死对方。”问我是不是有什么心理障碍。我说，恭喜你终于找到你的冤家了！这一生，如果有一个人老是跟你过不去，你却又很想跟他过下去，他一定就是你的最爱！

7. 爱情没有成败，只是索债和还债，在索还之间感悟人生！

8. 无原则地迁就一个人除非是还债，否则，就一定是在放债，且还是高利贷！

9. 如果某个男人主动替你拎包，把你放在道路的里边走，主动为你拉椅子。不要因此而感激涕零，这只能说明他之前有无数个女朋友教过他这一点。而能让他记住的女人，永远是改变他的那个，而不是你。所以，越是细节完美的男人，对女人而言越是挑战。粗糙绝对是一种真实，精细一定经过百般打磨！

10. 男人爱你的时候总会觉得你笨，处处要他担心；反之，他不爱你的时候，会觉得你聪明伶俐，不劳任何人操心……心中有碍才有爱，心无挂碍哪有爱？爱，就是懂了也要装作不懂，让男人我见犹怜，不娶了你就不放心！

11. 生活中的阴阳感悟：阳面的东西用眼睛看得见，阴面的东西只能用心去感觉。一个最爱你的人，不在于她向你显露的阳面，而在于她所不能向你表达的那个阴面。因此，如果你想了解她，不要去听她说出的话，而要用心去倾听她无法用言语表达的心语。爱，有时如佛家的禅语，不可说，不可说，一说就错！言语道断。

12. 生活中，最亲的人总是用你最讨厌的方式来保护你，最恨你的人总是用你最喜欢的方式来迎合你。大凡最后成为敌人，老死不相往来的，往往都是开始喜欢你喜欢得不得了的那个人。生活中，真正相濡以沫、记忆犹新的那个人，最初的缘起，其实都是平淡不屑，让你模糊不清的琐碎，甚至都是一些让你讨厌的画面。

13. 懂音乐的人太着调，什么东西都讲个调调，因为内行无调就没成效；不懂音乐的人，总爱跑调，因为外行无所谓成调，只图热闹。内行看门道外行看热闹，专业的东西内行懂，外行不懂；生命的东西外行懂，内行永远都不懂。内，缘于太近，有的只是占有；外，缘于爱，有的只是空间。有空间就有呼吸，有呼吸就有生命！

14. 一个女人要是不幸聪明得什么都懂，那就必须同时懂得怎么伪装成什么都不懂。否则，只能痛苦烦恼一生！女人快乐的法宝就是简单，尤其是让那个爱你的男人觉得你很简单，是永远需要依赖的！

15. 一对恋人和夫妻相处得久了，感情神经总会一点一点麻木。很多人误以为这是爱情消失了，其实不是。爱情不会消失，爱情只会沉底。当爱沉底了，你要懂得晃一晃。爱是需要用心经营的，既然是经营就会有形式和点缀，一如心脏的外面还有一层胞衣。

生活苦乐，自身修行

1. 快开的水都是沸腾的，平静对于大多数人来说都是一潭死水，不知进取，所以一般人不能随缘，那是随心所欲而不自觉罢了。挣扎往上游，舒服必下流，凡夫随大流，仙佛逆水游！

2. 典当梦想来成就一套房子，是人生最亏本的买卖！所以女人嫁老公宁可嫁还在租房子过日子的动荡爷们儿，也不要嫁那些买了房子每月还在还贷的稳定男人。动荡爷们儿还有升腾空间，还有梦想。稳定男人就此定格，准备洗了睡！房子只是对身体有归属感，对灵魂却是枷锁和羁绊！

3. 现在的人之所以不快乐是因为缺乏一种游戏精神。当周伯通被黄药师关在岩洞，他用游戏精神来超越痛苦，跟自己的影子说话玩耍，最终练就绝世武功。游戏是一种无为的状态，所以小孩永远都是快乐的，而成人却是成熟的，严肃的。严肃是一种病态，也是一种狭隘，当你严肃的时候一定有自我的摄入！成熟是一种悲哀！

4. 特质即障碍！一个人的特质就是一个人的习气和味道，说的好听些叫气质，实质就是顽固的臭毛病。起初人们都因这种特质而崭露头角获得成功，而后又因这种特质栽跟头屡撞南墙。生活中淹死的往往都是会游泳的人。

5. 心志要苦，意趣要乐，气度要弘，言动要谨！人生太闲则别念窃生，人生太忙，则耽误风花雪夜之情！不闲不慢，疏密有情，方为快哉！

6. 执着是障碍，但一旦撞到南墙，回头即佛！如果不执着，你一定撞不到南墙，也一定不痛不痒。障碍有时就是个骄傲的公主，只有足够的血性爷们儿才能够最终降服她！

7. 糖尿病的生活感悟：生活太甜了（阳），也是一种痛苦（阴）！

8. 生活中的阴阳感悟：发生任何事情好或不好，都会有压力来对应。压力是一种预兆和示现。如手术当天是全家人压力最大时，同时，也是解除压力生命康复希望时。压力即希望，烦恼即菩提！压力最大时是事物得以实现的最佳期，也是不二法门！成功就是痛并快乐着！犯贱就是机会到来前的莫名欢喜！

9. 人站直之前，一定要学会隐忍趴下。伸张不一定就是正义，有时只是哗众取宠，同样，反抗也不代表勇敢，懦弱到极致，有时也会貌似站直地“暴跳如雷”。绚烂之后才能安于平淡，真正趴下才能勇敢站起！

10. 如身边没有对手，我们就会变得怠惰。紧追不舍的对手会磨砺我们的机智，让我们全神贯注、时时警戒。因此，有时候留着一个对手，不要把他转变成朋友反而更好。当你化敌为友时，你摧毁了敌人同时自己也没有了方向。有时，对手就是坐标，让你随时知道自己几斤几两，而朋友只是让你更加放松，陶醉又迷茫。

11. 不要快乐要喜悦！快乐是由外在的事物引发的，它的先决条件就是一定要有一个使我们快乐的事物，所以它的过程是由外向内的，且随时都会消失的；而喜悦则不同，它是由内向外的绽放，从你的内心深处油然而生的一种甘露法雨，不需别人给予。所以一旦你拥有它，外界是夺不走的。在佛家，它叫法喜满怀！

12. 气定方能神闲，神闲方能形散，形散方能自在，自在则法喜满怀！

13. 玉是温润的物品，如同用两块玉相磨不成器（同性相斥），必用粗硬之物才能磨得成器（异性相吸）。这如同君子和小人相处一样，虽有时被小人所伤害，却也从中得到磨砺和修炼。所以说没有小人，君子不得以成就，没有烦恼，焉能证得菩提！

14. 年轻时有的是力气，拿得起，就是舍不得放下。年纪大了，什么东西都能放下了，又有好多东西拿不起来。能拿得起来又能放得下去的东西也就只有筷子了。如果等到有一天，我们连筷子都拿不起来时，我们的生命也就差不多到了尽头，筷子谐音就是快了，到了。饭吃到数了，圆满了，人就该回家了。

15. 城市里待久了，有时候你不得不假装是快乐的，只是为了保持一种正常，不让别人问你怎么了？每天如此的规范，慢慢就会成为一种习惯，甚至从此你自己都不会觉得自己有什么不正常，直到有一天，你途经某个山里小镇，听到满街的吆喝和孩童的嬉闹声，你才遇见未知的自己，那一刻，才明白都市里已没有童话。

感悟“静思”的力量

1．天堂本来是黑的，只有天使才是亮的。天堂因为天使之纯净而美好显现，地狱因为魔鬼之邪恶而示现恐怖。一念天堂，一念地狱。天堂地狱随心而现，随识而变。

2．人对了，世界自然就对了。东西都是一样的东西，人们只是从他们喜欢的人那里买东西。人是东西的灵魂！

3．今晨，偶然看到苏轼的《洗儿诗》：“人皆养子望聪明，我被聪明误一生，惟愿孩儿愚且鲁，无灾无难到公卿。”便想起师父常说的那句话“能懂是业力，不懂是福报”，感慨不已。当今喧嚣的时代，自我隔绝是某种必须的心灵维护，希望自己身在尘俗，心游天外，如庄子般自在洒脱！

4．今生只想拥有一种能力：对生命心存感激，对生活心满意足。感激和满足，是一种不管事情大小都感到高兴的能力。知足常乐！

5．人性的微妙：有人口渴，可以为之解渴，不可为其止渴。让人饱受乐趣是危险的，它会使人对那些最永恒的卓绝的事物不屑！人可以受苦，但却不能受惯！

6．大山不向我走来，我向大山走过去！主动靠近智者及其环境，见贤思齐，潜移默化，是改变自己走向成功的最佳捷径，一旦谈笑有鸿儒，往来无白丁，你想不成功都不可以！

7．当一件事情已成定局，无力挽回时，我们不妨随性转心，以歪就歪地偷着乐。有时生活中的美妙也往往都是发生在绝处尽头而峰回路转！

8．群居闭口，独坐防心！是非窝里，人用口，我用耳；热闹场中，人向前，我落后。

9．当你决定做一个好人，提升自己，你会发现周围人对你要求会苛刻起来，你会越来越累，而那些痞子们，因为别人对他们没盼望，于是他们就活得没有任何压力。被人要求是一种实力，也是一份信任，更是一份幸福！红尘中，没有任何人来关注和约束，才是最大的悲哀。舒服是一时的，而苛刻、要求却是成长必需的！

10．生活中，有些东西拿不准、分不清时，最客观的办法就是让时间去沉淀，时间稍长，事物都会由阴而转为阳面，这是事物的本质规律。“路遥知马力，日久见人心”。

11．宁愿跑起来被绊倒无数次，也不要规规矩矩走一辈子；真正的规矩都是在反复的错乱之后，平静大都缘于喧哗，拿起方能放下！

结语：了凡访谈录

慈悲，就是在别人的错误行为当中，在别人的痛苦里面，找到你自己应该担负的责任！记住：世上没有绝对的吉和凶，万事万物都是随着人的心性变化而转变。一切唯心！

了凡访谈录 1

李黛：了凡老师，您好，之前和你聊过“了凡因语”的话题，让我很感兴趣。日常生活中，我也常会遇到对生命和前世因果的困惑，我很想知道这套自然理论，怎样能直接指导我们的生活，从而改变我们的命运？

了凡：这首先涉及到命运的问题，人到底有没有命，孔老夫子有言：“不知命，无以为君子也。”所以要先知命才能改命。命运是有规律性的，人一出生与整个大自然就会产生一种联系，在佛家这叫缘起，每个人因为前世的善因与恶因，他投身到每个家庭和环境是完全不一样的。有些人一生下来就是高干子女，而大部分人却只能落到普通家庭，有的甚至只能沦为乞丐。因此现实生活中。每个人的命还是有富贵贫穷等级差别的，从这个意义上说，先天的命是不同的，普通人很难改变，但后天的运我们却可以去主动调整，这也是《了凡因语》主要讲的改命法则。

李黛：了凡老师，我们女人都很感性，都喜欢算命，请问命可以经常算吗？

了凡：对于命相，不遇疑难不问命。问命，是万不得已，遇见人生大事，难以决断，以命理做参考。诸葛亮就曾说：“虽云天命，抑亦人谋。”人生，有些事要信命，要顺缘而为，有些事，不能信命，要逆缘而上，才能成功。

我做文化策划和预测工作已经很多年了，很多客户总是慕名过来找我算命，但我告诉他们一个概念，命不是算出来的，是由你们自身的起心动念以及你们的生活习气和惯性思维来决定的，而我只是透过《易经》其大无外，其小无内的原理，通过卦象来翻译而已。

翻译什么？翻译你的起心动念，翻译你做人的态度。其实你命运的好坏及卦象的吉凶和我一点关系也没有，都是由你自己来决定的。

李黛：您在现实生活中又是如何帮助迷途君子，为他们指点迷津的呢？用什么方法，我很好奇？

了凡：我经常在路上会接到一些人的电话，要求预测一件事情的吉凶，而我运用的最简单最直接的方法就是《易经》的一种思维方式——“远取诸物，近取诸身”，看我自己当下处在哪一个环境场态，找出坐标和参照物，以第一眼看到的人事、物象、环境来取象判断结果。如果环境物象很好，我们称之为阳，那当事人所问事情的结果也是阳，也就是吉的，如果环境场态不好就是阴的，结果自然也是凶的！

“一阴一阳谓之道”，万事万物只要分出阴阳来，就可以了解事物的发展趋势和动态结果。

李黛：了凡老师，您能否举个通俗的例子来阐述说明一下？

了凡：好的。比如一次我给一位客户看楼盘风水，我们刚刚走出来，就接到他妻子打来的电话，问我，近段时间想多买几套楼盘投资，想了解近期房价整体走势是涨还是跌。我就以我当下所处的环境分出阴阳来参照，我们正在走一条上坡的路，上坡为阳，下坡为阴，当即答复只会上涨但幅度不会太大，因为此坡坡度较小。

李黛：这个太有意思了，没想到会如此简单。但了凡老师我还有个疑问，会不会还是有些偶然性？

了凡：这个参照物和卦象看似很偶然，但实际上是一种必然，因为客户什么时候打电话过来，我处的环境是全然不同的，可能是上坡路也可能是下坡路，完全是由当事人自身的阴阳场态来决定，这个理论我们叫“赶场’理论。

人体是一个小宇宙，和大自然都是相通的，若当事人是阳性场态时（心平气和），无论他什么时候问事，不管我在哪里所对应的环境一定是干净的、阳光的、上升的，我们定为阳；反之，若当事人是阴性场态时（气急败坏），我所对应的环境也一定是龌龊的、灰暗的、下降的，为阴。所以，从这个意义上来讲，人的行为好坏甚至一个起心动念，对这个世界都会有深远的影响，都是因缘和合之相！

李黛：太抽象了，还是不太明白，您能举例说明一下吗？

了凡：讲一个故事你就明白了，10 年前我和师父住在山上，有一天早上，师父刚起床电话铃就响了，但他老人家并没有接。而是等到他洗漱完毕，换了一身干净的衣服，走到院子里有阳光的地方，才把电话回拨过去。事后，我觉得很奇怪，就问他为什么当时不接，而要事后自己打过去，你猜他老人家怎么说？

李黛：很好奇，他说什么？

了凡：他老人家说，任何人在你刚起床蓬头垢面时（为阴性场态）来问任何事情的结果都是不吉的，你作为预测师明了阴阳的规律，很快就能以此判断出结果的好坏，但你更应该学会慈悲，懂得回旋。他打过来电话虽然对应环境不吉，但你只要不接通电话（阴阳不相应），事物结果的吉凶就暂时不能定性，这样事情就会有回转的可能性。你这时作为预测师就必须学会主动调整自身的心态和环境，找到一个阳光灿烂（为阳性场态环境）的地方回拨过去，刻意布置一个春天的场景等他来应，很自然地帮助他扭转被动的局面。这叫筑巢引凤，也叫慈悲为怀！

慈悲，就是在别人的错误行为当中，在别人的痛苦里面，找到你自己应该担负的责任！记住：世上没有绝对的吉和凶，万事万物都是随着人的心性变化而转变。一切唯心！

李黛：太感人了，虽然我还没有完全理会这其中的真意，但你师父的起心动念简直就是菩萨在度化众生，我越来越觉得你的《了凡因语》已不再是单纯的易经预测，而应该是一门揭示宇宙规律，重建生命的理论学说。

了凡：确实，当初之所以有想法要把《了凡因语》写出来，也是受了师傅老人家的点化和言传身教的影响，所以我们这次发心一定要把《了凡因语》作为法布施全民推广，让更多人了解因果的规律。一如星云大师所倡导：你可以不信佛，但你一定要相信因果！这样大家就可以重建生命，心想事成！

李黛：那好啊，到时也算我一个，我也来作法布施大力推广《了凡因语》，让更多人法喜满怀！

了凡访谈录 2

李黛：物以类聚，人以群分。生活中也有一些类似的习俗，和您说的这些现象好像也是同一个理，比如，当你去上坟或到殡仪馆等不干净的地方回来，进家门时老人们总会拿个火盆子让你跨过去以后才让进屋，看似很迷信，但好像又有几分道理。

了凡：其实这就是转换阴阳场态的问题，因为，坟场为阴气旺盛之地，而活人为阳气，当有些人身体很薄弱（阳气少），到这些地方去了以后，就会受到阴性场的干扰，一旦带回家就会莫名其妙生病，而火盆为阳，可以帮助这些火弱之人升阳祛阴，所谓人鬼殊途，这也是鬼为什么怕火的原因，就这么简单。

李黛：原来踏火盆的民俗是这样理解的，看来生活中一切都离不开阴阳。

了凡：我们可以就此下一个结论：一个人身上体内阴气和阳气的多少，决定一个人外在世界看到的丑恶吉凶。当我们阳气旺盛的时候，所有的鬼魅都不敢靠近，所谓正气足邪气不能侵入，能近身的都是相同频率的贵人，甚至心想都能事成。反之，人一旦看见鬼了，说明阳气退阴气长，感召的自然就是小人、欺骗和阻碍！

李黛：了凡老师，既然一个人的气场如此的重要，那气场到底是一个什么样的东西呢？我们在生活中又应该如何去协调保护好自身的正性场态呢？

了凡：通俗地讲，气场就是一个人的气质，表现为权威性、魅力、风度、影响力等，是一个人身、心、灵所散发出来的能量圈。生活中我们经常说这个人看上去很有气场，某某人很有气质、很有煽动性、比较有魅力等，所有这些都是气场能量对外释放的一种结果，它们都是气场的一部分。

李黛：辛晓琪曾经唱过一首歌曲叫《味道》，爱人外套的味道，男人身上烟草的味道。这些是不是也可以理解为气场？

了凡：对！这也是一种气场！有时在生活中，一个女人仅仅只是因为一个男人抽烟的样子很有味道而爱上他，可见气场是一种看不见摸不着的神秘东西。但究其实质，气场无非就是一个人先天性格和习气所形成的一种惯性特质罢了，而这种特质又会自然不自然地吸引或排斥相同或不同磁场频率的人。

李黛：生活中所谓的"臭味相投""话不投机半句多"也可以说都是来自这种特质所形成的惯性气场。可以这么理解吗？

了凡：非常正确，包括《易经》中所讲的相生相克理论，也是对阴阳气场产生吉凶的另一种诠释。生活中我们不是经常听到这样一句话：财大气粗！来形容一个人很有钱财和实力。实际上这句话应该反过来讲：气粗则财大。一个人一生的财运大小和官运的级别大小也都是和他的气场能量成正比的。这个规律和物理学的原理也是相通的，磁性的大小决定吸引铁块的大小！

李黛：这种特质和习气所形成的气场是不是越强就越好呢？这样我们生活中不就可以主动克制对方，更容易心想事成一些？

了凡：那也不尽然，先问你一个问题，一个人成功和非成功的区别在哪里？

李黛：不会又是阴阳气场的区别吧！

了凡：世间万象不是阴就是阳，还真没有什么事不和它发生关系的。成功和失败就更是如此。其实一个人成功和非成功的区别也就在于能否脱离自身原有的那种气场，脱离骨子里带来的那种与生俱来的习气和惯性的多少。也就是说，一个人的特质形成了他自己特有的场态。最初人们皆因为这种特质的气场而出类拔萃，鹤立鸡群，让大家认识到他。但越往后来发展，他的这种自我身份的标杆，就越成为一种阻碍。

李黛：你是说，特质所形成的气场到了一定的时候就会转变成一种障碍，和周遭的人格格不入，会无意中触犯到他人的利益？

了凡：对！也就是我们生活中常说的一种现象：淹死的都是会游泳的人！

李黛：可以就此给特质下一个定义吗？

了凡：特质即障碍！一个人的特质就是一个人的习气和味道，说得好听些叫气质，说得难听些就是顽固的臭毛病。起初人们都因这种特质而崭露头角获得成功，而后又因这种特质栽跟头屡撞南墙。

李黛：了凡老师总结的太精辟了！我知道了，一个人开始要想成功就必须要具备与众不同的特质也就是强大的能量气场来吸引他人的注意，之后，若还想要基业长青，就必须打磨你曾经引以为豪的习气，收敛其特质，化有形为无形。

了凡：对，你的理解很正确。所以，从中我们可以看出一个规律：一个人的气场太过或不及，过阳或过阴都是一种失衡，唯有阴阳平衡所散发出来的和顺之气方能圆融万物，润泽天下！

了凡访谈录 3

李黛：我曾经在一本杂志上看到类似的一句话："无论是一个人还是一个地方，只有气场丰润，才能活色生香。"当时并没有完全能理解这句话的意思，只是感觉文字很美，现在想想，简直太贴切了！了凡老师，我们谈了这么多，实在是受益匪浅，我还想进一步了解一下《了凡因语》的核心内容，除了你对自然及生命的感悟外，应该还有一套完整，严谨的哲学理论吧！

了凡：今天不能展开去讲，先让你有个宏观的概念。什么叫《了凡因语》？我首先从这个书名谈起。了凡因语就是追溯本源，从我们当下所看到的物象好坏，推断事物的吉凶，同时反观内省，扫尘除垢，为明天我们要看到的世界播下善种，重塑生命！

李黛：这个诠释听上去很有禅意！了凡老师，我一直有一种感觉，你不像研究《易经》的学者，更像一个托钵的布道者。从物象好坏推断事物的吉凶，这个我大体已经明白，但反观内省，扫尘除垢有些抽象，现实生活中，我们需要怎么做呢？

了凡：如果从道术来有形划分，应该说从物象好坏推断事物的吉凶是术的范畴，当然也是基础，只能翻译事物的吉凶也就是因果规律，但却无从改变。应该说我们当下看到的人事物象，都是昨天、前天乃至前世的起心动念及行为的化现。一旦这个果成熟了，不管好坏，不管你愿意还是不愿意，我们当下都只能让自己学会去坦然接受。

李黛：既然从根本上无从改变，只能被迫接受，那我们面对还有什么意义呢？

了凡：天下万事万物"一理贯之"。有其理，必然有其事；有其事，必然有其理。所有的学习和因果的教育，首先都是为了明理，明理才会

心安。心安理得就是告诉我们唯有把生命的规律和人生道理都弄明白了，人才能心安，才不会再去抱怨生活，才能知足常乐！

李黛：我明白了，很多道理我们看似已经懂了，其实那都还只在面上，一旦触境依然还是会迷惑、烦恼，因为我们始终都没有明了因果的真正规律，所以我们的心会一直被现象追逐。

了凡：我给你出一道预测题，看前面所讲的内容你是否完全消化。某男问明天结婚天气如何？一生婚姻幸福与否？当下的物象正好看到我在微笑，请问吉凶。

李黛：这个很简单呀，以了凡老师的微笑（为阳）作参照，明天此男结婚天气也一定是阳光灿烂，一生婚姻幸福美满！对吗？

了凡：学得不错，如果再换一个场景，当事人问卦的同时，我正和某人吵架，气急败坏，暴跳如雷，请问结果又会如何？

李黛：那麻烦就大了，明天他们结婚肯定是乌云密布，雷电交加，而且，一生的婚姻都会吵吵闹闹。了凡老师，我突然觉得好可怕呀，我们个人的一个情绪怎么会给整个自然及他人带来这么大的影响啊？真的有那么大的作用力吗？那太恐怖了！

了凡：在易学中，其大无外，其小无内，万物都有联系，即使是相隔万里的事物都具有彼此紧密的信息关联，你知道吗？一只南美洲亚马逊河流域热带雨林中的蝴蝶，偶尔扇动几下翅膀，可以在两周以后引起美国得克萨斯州的一场龙卷风。

李黛：这个我知道，那叫蝴蝶效应，和了凡因语有关联吗？

了凡：当然，在易经中我们把这种理论叫做天人合一。我举一个生活中的例子你就明白了，同时教你如何透过现象看到事物的本质。2009年春节联欢晚会，有两个人一炮走红，一个是小沈阳，一个是魔术师刘谦，知道他们的走红预示着什么吗？你只要学会分出阴阳来，就可以马上知晓当下人们喜欢的潮流，流行的趋势，以及人性的发展走向等。

李黛：我知道了，我试着分析一下，小沈阳最经典的时装扮相和阴阳怪气的唱腔应该归纳为男身女相，只是男身女相阴阳都有，最终该如何去定位呢？

了凡：不阴也不阳就是他的定位，也是当下社会风气越来越偏中性的自然定位。小沈阳的男身女相，和刘谦的魔术都是以假（阴）为真，代表阴盛阳衰，昭示当下的世风会由阳转阴，正气不足，明哲保身之人也会越来越多。而社会上的血性汉子和正义之声也会越来越少。

李黛：太对了，当今世况确实如了凡老师所言，前些日我还在报纸上看到一则让人痛心的报道：自“彭宇案”后，南京88岁的李大爷在离家不到100米的菜场门口迎面摔倒，事发后围观者不下几十人，却没有一人敢上前扶他一把，原因都是怕惹祸上身。

了凡：这就是阴阳错位的结果，你看看现在生活中的乱象：没结婚的像结婚一样同居，结婚的倒像没结婚一样分居；情人像夫人一样四处招摇，夫人却像情人一样深居简出。什么东西都变了味，食物没有了原味，过年没有了年味，男人上下娘们儿味，女人浑身爷们儿味。最怕的是以后连人都没有了人味。这就是天人合一的规律。

李黛：这也太残酷了，这些都是什么原因造成的呢？

了凡：整体的阴阳失衡，物质和精神的完全倾斜造成今天阴阳怪气的气场，所谓奇技淫巧，方便出下流，当今科学纯粹只是为人类欲望服务的，发展得越快人类付出的代价就越大。我们古人都深知其中的道理，所以他们有聪明才智，也都只是点到为止，从来不会把某个单一的技术发展到极致。一定都是以道御术，维持动态平衡。

了凡访谈录 4

李黛：了凡老师，通过您列举的实例，让我发现一个共性的问题，所有事物的吉凶都是有因果的。你在前面教我们的几种预测方法其实也都只是在翻译因果而已，不知道我理解的对不对，而如何改变先天不好的因，让果朝着好的方向发展，这才是最关键的，也是最实用的。

了凡：确实，你很有悟性，下面我要给你讲的才是“了凡因语”的核心内容——知命改命的方法！也是心想事成的窍决！一共八个字：反观内省，扫尘除垢。这个就涉及到佛教修行的内容了。先给你讲一个故事：唐代，某书生问一位高僧“黑风吹到罗刹国”这句话是什么意思。老和尚眼睛一瞪，轻蔑地说：“就你也配问我这个问题？”书生当即大怒。老僧说：“这就是黑风吹到罗刹国！”书生当下惭愧不已。可见，对事物的态度，就是你心相的反映！

李黛：了凡老师讲这个故事是想告诉我一个什么道理呢？

了凡：“见物即见心”。你对他人，对事物的态度，反映的就是你当下的心境。如果你要解决一个问题，首先要从自己的起心动念开始，从自己的内心去找原因，记住一句话：我是一切事物的根源！

我们在生活中所经历的一切好坏都是我们内在心智模式的放大和外延！

举例说明：某科长要退休了，想把公司几台电脑搬回家去，卜问吉凶。打电话过来时，我正在呕吐，是家人接的电话，你试着分析一下。

李黛：此事不可以做，否则会节外生枝！因为你当时正在呕吐（为阴性场态）。

了凡：对，但这只是翻译层面。按见物即见心法则，判断当事人之所以不成，是因呕吐为不好的物象，可直断怎么吃进去就怎么吐出来。

那么第二个层次呢？如何再深入？（预测事件的来龙去脉。最后必须都要回到预测师自身来观照和反省，否则，对预测师而言就是造业，浪费生命。）

万事万物都讲因缘和合，无缘不聚，当事人打通我的电话也是一种缘，最起码我和他有相同的磁场频率才可能共振，才能通话，这叫同气相求。那么这个事的来龙去脉与我本人肯定也有关系，他是来给我报警的，提醒我身上已有不干净的阴性念头出现了，当下必须要马上反省、忏悔，否则，量到质变未来也一定会发生类似的不符合规律的投机行为。

补充一个阴阳的概念：看不见的念头为阴，看得见的行为和物象为阳。看得见的东西是由看不见的念头来决定的。

李黛：了凡老师，我可以提一个问题吗？

了凡：当然可以。

李黛：上个月，我的闺蜜打来电话和我说起她的一个困惑，我感觉和老师今天讲的了凡因语不谋而合，我尝试着分析一下，不足之处，还请了凡老师指正。

了凡：好，正好也可以检验一下了凡因语的实战性。

李黛：我的闺蜜上月去参加一个朋友的生日派对，在去的途中，路上飞驰而过的公车里突然飞出一口痰，正巧飘到她的脸上，她当时感觉特别晦气，哭着给我打电话。我当时也只是把她这件事当个意外，安慰了她几句，现在看来事出有因，绝非偶然。我分析，痰为阴性物象，肯定不好，我先不说事情的结果，想考考了凡老师，看你的分析和后来发生的事情是否完全对应，不是怀疑了凡因语，只是好奇事物的规律性真的就是那般毫厘不差吗。

了凡：其实这个物象是最直接的。它已经告诉了你所有的自然语信息，你只要本原地去翻译，就像小孩看漫画一样，看到什么就读出来，就这样。千万不要去思考，人一思考，上帝就会发笑。

痰是阴性的，它的口语就是唾沫，想想生活中我们经常讲的一句话，小心被唾沫淹死，它传递出来的信息就是口舌是非，再结合被吐到脸上，脸面受损。脸面就是门户，就是有伤面子和名声的事发生，又是公车上的飞痰，对应信息自然在公共场合。参加派对也是人多聚会的地方，这一系列信息组合起来就是大自然给她的报警：告诉她在未来时（时间会很快）会在公共场合，发生一件有损她面子的口舌是非，务必警醒！

李黛：天哪，了凡老师，您简直就是福尔摩斯，推断的事情结果和发生的实际情况一模一样，就是在当天派对聚会中，我的闺蜜碰到了她的初恋，冲突的原因就是她初恋现在的女友因为嫉妒而和她发生了口角，后来闹得一发不可收拾。

了凡老师，你为什么断言，此事很快就会应验呢？

了凡：这很简单，她是被飞驰而过的公车上的人吐痰，应期时间肯定快速，一切都是大自然给我们传递的信息，我们只要如实地翻译就好。

李黛：了凡因语实在太有意思了。难怪孔子都说“玩索而有得”，看来真正属于道的东西只能去玩而有应，一旦有而为之，就会堕入后天的主观臆测中，迷而不得！

了凡：对，其实孔子是个学习起来非常认真的人，曾经三月不知肉味。但他在学习《易经》后却这样感慨：玩索而有得。玩，不是玩笑，也不是玩闹，而是放松心态；索，即索求，探索。意思就是以放松的心态来学习，终究是会有所得的。其实这不仅仅是一种学习态度，也是一种生活态度和管理态度。前面我们只是从物象好坏翻译出事物的吉凶，了凡因语的真正核心是未雨绸缪，发现了问题再从根本去解决问题，也就是第二个层面，反观内省，扫尘除垢，你觉得应该如何去思维呢？

李黛：您说过，预测翻译完事件的来龙去脉以后，最后必须要回到预测师自己身上来观照和反省，我想这个事既然让我听闻到也绝非偶然，一定也是我身上的起心动念出了问题，有相同的场态，才会发生看似偶然的邂逅，大自然只是透过我的闺蜜辗转提醒我也该反省忏悔了，否则，我日后也会有类似的吐痰事件发生。了凡老师，你看我分析得对吗？

了凡：不错，基本已得要领。其实这些理论古人早就告诉过我们：比如福人居福地，圣人眼里看不到不好的东西等，不都是在一次又一次的提醒我们要向内去观察去反省生命吗？

李黛：了凡老师，我现在真的是有些醍醐灌顶，豁然开朗的感觉，终于明白这世间，一切的一切都可以是由自己来决定的了。而且生活中的好多东西用“了凡因语”的思维方式去解读，都会迎刃而解。比如，在路上看到车祸，有的人会害怕，有的人会好奇，甚至还有的人会幸灾乐祸。现在想想，简直太可怕了，也太愚蠢，我们完全可以通过正向思维，马上调整自己的起心动念，忏悔这段时间自己的身口意有哪些不如法的地方，这样思维，我相信一定可以起到防微杜渐，消除或者减轻未来我们可能要发生的不好事情。

了凡：嗯，理解得很好。当生活中我们遭遇到不好的事件和违缘时，我们都要去正面思维，都要心存感恩，同时在生活中保持一分警醒，随时观察，随时觉知，看见好的事物好的物象，要学会随喜，给他人一分鼓励，给自己一分认定；看见不好的场景和人事，马上要觉知那是自我内心的投射，要生惭愧心。福人眼里看不到不好的东西，一旦看见就要忏悔要反省，为明天后天我们要看到好的东西做准备！这就是了凡因语的全部心法！

李黛：太开心了，了凡老师，最初听到你的这套学说，完全是以你职业的物象去定位了凡因语，以为它就只是相关预测算命方面的，怎么也没想到它竟是一部解读宇宙和自然规律，同时又能改变命运的生命学说。

不过，我最后还有一个很实际的问题，如何快速解决现实生活中具体的某一件事，比如，开始的物象是不好的，如何结合心法，化弊为利，让事情最终达成！通俗一点来说，就是如何快速把了凡因语变成生产力，解决实际问题。

了凡：我明白你的意思，前面我已经分析过“了凡因语”的心法，具体的运用要看接收它的人是否与它有缘。既然你已悟到并已提出，我就权当有缘举一个例子，有缘人一听就会明白。

这是我的一个学生的卦例：他有天晚上准备去见一个重要领导，刚出门就听到隔壁的邻居和他 5 岁的儿子在楼道里的对话：儿子不停地吵着让他爸带他出去玩，他爸好像心情很不好不耐烦地回了一句：“外面黑灯瞎火的一个人都没有，有啥玩的？”

我那学生一听，坏了，今晚这事办不成了，按物象翻译“黑灯瞎火”而且心情不好语气又很不耐烦，肯定是找不到人了，但事情太急，急需找人解决。怎么办呢？他学过了凡因语，马上他就想到解决的办法。此事缘起是因为邻居的儿子要急着出去玩，和他急着出去找人办事是同一个信息频率，邻居的儿子没有达成心愿表象看是因为他父亲心情不好未能如愿，事实上是我在办这件事上存在违缘（过去曾种过妨碍人家的因），今天兑现只是这个因缘成熟了而已。

最后，他主动跑过去，抱起小孩对邻居说，让我带他出去玩吧。他还特意找了一个人多热闹（为阳性环境）的游乐园，带着邻居的儿子，确切地说是带着他自己的另外一个化身，一直陪着“自己”玩了两个小时，玩得不亦乐乎！回来的时候，邻居的儿子非常开心，邻居也非常感谢（邻居此时在自然空间也是那个领导的化现，由刚才的不耐烦（阴）转化为当下的感激满怀（阳）。

第二天中午，他很顺利地就见到了那位领导，并圆满办成此事！

李黛：了凡老师，听到这里，我真的只能无语了。今天，你带给我的震撼太大了，言语道断。我只能说，以后我会好好地用心去参读了凡因语，不是单纯把它当做一门知识去学习，而是作为生命中的知己用心去品味，去禅修！

了凡：最后，送你一段物象法语来结束我们的访谈，也送给各位有缘的朋友：不要去欺骗别人，因为你能骗到的人，都是相信你的人。反之，如果你被人欺骗，也无须抱怨，因为不是冤家不聚头。今生能骗你的人也是前世与尔渊源很深的人，他欺骗你有时就是想过来和你打声招呼："喂！哥们儿，前世你还欠我一坛酒，记着请我喝哟！"今生没有被骗过的人，前世一定是个孤独的旅人！

李黛：射谢了凡老师。在百忙中接受我的采访！愿《了凡因语》做法布施功德圆满！

跋：感恩

在此临近中秋的日子，秋风吹醒菩提，带来无数善意的祝福，亦缔结出无数妙善之果。

《了凡因语》公益书带着佛陀的加持，及无数善心人的祝愿即将面市。让我们倍感欣慰的是，此书尚未出版已得到诸多易学、佛学界朋友的喜爱与支持，在此我们无比感恩。

在《了凡因语》构思之初，我们便发心做一部纯粹的公益书，愿为无量众生做法布施，告诫众生敬畏因果，依循因果规律为人处事，祸福无门，善恶自召，种善因，得善果；造恶业，得恶报。此书从写作到出版，很多朋友都为此付出了心血，很荣幸每一个读到它的人都予以极高的评价，这让我们又一次感受到公益法布施无限的能量。

在此我们特别感恩为《了凡因语》友情作曲和做推荐的著名国际音乐人——梵音天后萨顶顶老师，是她真诚的鼓励让我们对此书法布施的圆满有了更充足的信心，也感恩萨顶顶音乐艺术俱乐部对本书的倾情支持。未来了凡心斋坊与俱乐部将会有更多友情合作，而了凡老师也将为萨顶顶音乐艺术俱乐部做公益《了凡因语》讲座，希望能让众生了悟因果规律。正如萨顶顶老师所言，对于这个世界来说，我们每个人都是“来者”，我们都应当携起手来，彼此对话，彼此关爱。萨顶顶老师的新书《恍如来者》与同名新专辑，是与天地对话，而《了凡因语》亦是与天地对话，随处结祥云。从我们当下所看到的物象好坏，推断事物的吉凶，同时反观内省，扫尘除垢，为明天后天我们要看到的世界种下善缘，重塑生命，收获善果。

在此我们也特别感恩易学泰斗唐明邦老先生，以及当代国学第一少年周易玄先生为此书列为《北京大学中华文化研究与应用》课题研究成果而做出的努力。另外，还要感谢中国风水协会主席陈帅佛先生、中国十大人生策划专家第一人王凤麟教授、道教神霄派天乙门第十四代掌门张伟杰先生、台湾亮辰磁场研究院李亮辰院长、《问道》杂志主编张剑锋先生、《从当下出发》的作者陈阳先生等诸多前辈高人的指点，正是在诸多有识之士的提点下，才有了今日的《了凡因语》。我们也相信，在您们正能量的加持下，《了凡因语》公益书一定能遍地开花，让无量众生受益。

你可以不信佛，但你一定要相信因果。
你可以不会说英语，但你必须要懂因语！

本书由萨顶顶音乐艺术俱乐部公益支持 http：//www.sadingding.net
关于此书后续详情，请登陆了凡心斋坊官网 http：//www.liaofan.net

《了凡因语》入选为《北京大学中华文化研究与应用》课题成果

课题宗旨：尊异求同，中西融通，以文化成，天下为公。

课题成果丛书编辑委员会

总顾问：

厉以宁（北京大学民营经济研究院院长，博士生导师，北京大学管理科学中心主任）

乌可力（《北京大学中华文化研究与应用》课题组总顾问、科学家、教授、研究员）

学术顾问：

周易玄（《北京大学中华文化研究与应用》课题组副组长、干支哲学分课题组组长）

刘　丰（《北京大学中华文化研究与应用》课题组副组长、广义科学分课题组组长）

唐明邦（首任中国周易学会会长、主持武汉大学哲学系工作、著名易经专家、学者）

霍斐然（《北京大学中华文化研究与应用》课题组顾问，著名易学家）

《了凡因语》参考文献：

1. 《易经》

2. 《道德经》老子

3. 《破译疾病密码》柯云路

4. 释万行上师开示语

5. 《经典禅学故事》

《了凡因语》中引用：

1. 呼唤的奥秘：针灸临床，扎某一个穴位，可先呼唤这个穴位的名字七次，然后请它开门，疗效就会完全不一样。万事万物都有名，你祈请它，呼唤它，它就会回应你，虽然你看不到它。老子说："名，可名，非常名"，也就是说万事万物的名，是可以呼唤出来的，但更重要的是要唤起那些我们肉眼看不到的物体和生命！——引用陈全林老师博文

2. 学生准备好了，老师就会出现。你到了哪一级能量便与哪一个层次的老师有缘，一点也勉强不得，要知道你现在已经达到什么层次，只要看你现在所从师的师质与你当下看的什么书和交的什么朋友就知道了！我们在生活中所经历的一切好坏都是我们内在心智模式的放大和外延！——引用徐大伟老师博文

书为做公益法布施利益众生，如文中有引用网络语，敬请见谅。